LA

MEUNIÈRE

DRAME

Représenté pour la première fois, à Paris,
sur le Théâtre de l'Ambigu-Comique, le 28 octobre 1863.

LA
MEUNIÈRE

DRAME EN CINQ ACTES ET SIX TABLEAUX

PRÉCÉDÉ DE

LA CINQUANTAINE

PROLOGUE EN DEUX TABLEAUX

PAR

M. ANICET BOURGEOIS

PARIS

MICHEL LÉVY FRÈRES, LIBRAIRES ÉDITEURS

RUE VIVIENNE, 2 BIS, ET BOULEVARD DES ITALIENS, 15

A LA LIBRAIRIE NOUVELLE

—

1866

Tous droits réservés

PERSONNAGES :

ROBERT DE BENOUVILLE. gentilhomme normand,
  1er rôle.............................. MM. Castellano.
ARMAND DE PARDIAC, gentilhomme normand,
  2e et 1er rôle............................ Faille.
M. DE GRANVAL, gentilhomme normand........ Loyer
M. D'HÉRISSEL, gentilhomme normand......... Rivers.
M. DE CARADEC, gentilhomme breton.......... Parrot.
LE GRAND-PÈRE BAILLIF, père noble.......... Clément-Just.
TRANQUILLE LIBERGE, 1er comique (Vernet)... Raynard.
UN ÉTRANGER, financier..................... Berret.
ANTOINE, valet de Robert................... Desorme.
LE DOCTEUR IZET............................ Adler.
MAGLOIRE, valet de ferme................... Hoster.
UN AGENT supérieur de la police............ Lavergne.
UN AGENT................................... Jules.
JEANNE DUCHEMIN, 1er rôle.................. Mmes Marie Laurent.
MARGUERITE, sa fille, jeune 1re............ Worms Deshayes.
HENRIETTE DE PARDIAC, jeune 1er rôle....... Marie Brindeau.
LA MÈRE BAILLIF............................ Clara.
CÉLÉNIE................................... Legrand.
MARTINE.................................... Faille.
LA PETITE ODETTE........................... La petite Samson.

Paysans, Paysannes, Agents de police, Valets, Violonneux, etc.

La scène se passe à Rouen et dans les environs d'Étretat, en 1719 et 1723.

S'adresser pour les détails de la mise en scène à M. Delafosse, directeur de la scène du théâtre de l'Ambigu-Comique; pour la musique, à M. Artus.

Avis important. — Les formalités prescrites par les traités internationaux ayant été remplies, la représentation de la traduction du drame de *la Meunière* devra être autorisée par l'auteur.

S'adresser, pour avoir ces autorisations, à M. Perragallo, agent général de la Société des auteurs et compositeurs dramatiques, rue Saint-Marc, 30, à Paris.

LA MEUNIÈRE

PROLOGUE

Premier Tableau

Une salle à manger richement décorée et une table, princièrement servie, à laquelle sont assis cinq gentilshommes.

SCÈNE PREMIÈRE

ROBERT, PARDIAC, DE CARADEC, GRANDVAL,
D'HÉRISSEL.

ROBERT.

En vérité, messieurs, vous faites peu d'honneur à mon vin.

PARDIAC.

Marquis, vous nous avez si bien prodigué les plus généreux crus de Bordeaux et de Bourgogne, que c'est tout au plus s'il nous sera possible d'apprécier à sa valeur votre champagne, le meilleur qui se boive dans notre ville de Rouen, et qui n'a pas, je le gage, son pareil, même chez Sa Majesté Louis XV que Dieu garde, ni chez le Régent que l'enfer confonde.

GRANDVAL.

Pardiac a raison. Si le champagne tarde encore, nous le boirons, mais nous ne le goûterons plus.

ROBERT allant à un petit guéridon chargé de bouteilles de champagne.

Du champagne, alors.

GRANDVAL.

Pardieu ! nous avons plus noble sommelier que le roi.

ROBERT.

Il ne faut pas de gens autour de soi quand on aime ou quand on conspire.

PARDIAC.

C'est ma foi vrai, nous conspirons, marquis, votre bon vin me l'avait fait oublier.

ROBERT.

Prenez garde, chevalier, l'affaire qui nous réunit chez moi ce soir est sérieuse. Vous allez jouer votre tête.

PARDIAC.

Et il s'agit de ne pas la perdre ; oh ! elle est solide.

CARADEC, bas à Robert.

Je m'étonne de voir ici M. de Pardiac, sa réputation est détestable, il est perdu de dettes et la caisse de Dubois est bien garnie...

ROBERT, bas.

Vous oubliez que M. de Pardiac est mon ami !...

CARADEC.

Bref, vous me répondez de lui ?...

ROBERT.

Comme de tous ceux qui sont ici.

PARDIAC.

Au champagne !

CARADEC.

Pardon... comme vous le disait tout à l'heure M. le marquis de Bénouville, l'affaire que nous avons à traiter ici est des plus graves, et vous avez besoin de toute votre raison pour en calculer et peser les chances.

ROBERT.

M. le baron de Caradec est envoyé vers nous par le comité Breton !... il s'agit...

PARDIAC.

De renverser le Régent, nous le savons, pardieu ! Les Normands sont d'aussi fidèles royalistes que messieurs les Bre-

tons, et si Nantes se soulève la bonne ville de Rouen fera
parler d'elle...

ROBERT.

Monsieur le baron, vous êtes ici en présence de gentilshommes dévoués à leur roi, la Normandie n'attend qu'un
signal.

CARADEC.

Bien, messieurs ; ce signal vous sera donné.

PARDIAC.

De Nantes?...

CARADEC.

Non, de Paris, et ce signal sera la mort du Régent.

PARDIAC.

En effet, la chose devient grave.

CARADEC.

Nous n'avons pas voulu recommencer la conspiration de
Cellamare. Alors, on avait songé à enlever le Régent, à le
transporter à Saragosse ou à Tolède... ce plan était impra-
ticable, le moyen de faire traverser la France à un pareil
prisonnier!

PARDIAC.

Malpeste!... vous êtes de terribles hommes, messieurs les
Bretons.

CARADEC.

Pour Dieu et pour le roi ! voilà notre devise. Laissez-moi
continuer. Quand on se sera défait du régent on proclamera
le duc du Maine lieutenant-général du royaume. La France
suivra l'impulsion que la Bretagne aura donnée.

ROBERT.

Nous vous répondons de la Normandie.

CARADEC.

Et vous vous engagez sur votre honneur de gentilshommes?

TOUS.

Sur notre honneur !

CARADEC.

Laissez-moi vous dire encore que, cette fois, c'est une lutte
mortelle qui va s'engager. Pour punir les complices de M. de
Cellamare, le Régent s'est contenté de fermer sur eux les
portes de la Bastille. Si nous échouons, messieurs, c'est à
l'échafaud qu'on nous enverra, et ce sera justice. Pourquoi
nous ferait-on merci à nous qui ne voulons pas faire grâce.
Il faut prévoir une défaite, une trahison, réfléchissez encore.

ROBERT.

Vous nous faites injure, monsieur, si vous pensez que nous hésiterons plus que vous à risquer notre vie.

CABADEC.

Maintenant, messieurs, faites ici ce que nous avons fait là-bas.

PARDIAC.

Qu'avez-vous fait?

CABADEC.

Si nous sommes vaincus dans le combat que nous allons livrer, il se peut que quelques-uns des conjurés échappent à la police de M. Dubois, et nous nous sommes tous engagés à secourir les veuves et les orphelins que laisseront après eux les martyrs de notre cause.

ROBERT.

Bon exemple à suivre.

PARDIAC.

J'ai une sœur, Henriette de Pardiac, ma seule affection dans ce monde et que je laisserai pauvre sans appui. Je vous la recommande après moi, messieurs!

ROBERT.

Moi, je n'ai qu'un seul parent.

PARDIAC.

Qui est cardinal, riche à millions, et qui habite son palais à Rome.

ROBERT.

Je n'ai pas à songer à lui! Si je meurs, mes amis ne me devront rien qu'un souvenir; si je leur survis, ma fortune sera, je le jure, à ceux qui en auront besoin.

PARDIAC.

Bah! nous réussirons et nous demanderons la permission de faire pendre M. Dubois... (On frappe à la porte du fond.) Qui frappe là?

ROBERT.

Antoine, mon vieux et fidèle serviteur, qui n'ose pas désobéir à la consigne donnée... (Haut.) Entre... qu'arrive-t-il?... que me veux-tu?...

ANTOINE.

Je venais annoncer à monsieur le marquis...

ROBERT.

Tu sais bien que ce soir, je n'y suis pour personne.

ANTOINE.

C'est que les gens qui attendent là le bon plaisir de monsieur le marquis viennent d'un peu loin...

ROBERT.

Qui donc me demande?

ANTOINE.

Madame Jeanne Duchemin, mademoiselle Marguerite, sa fille, et Tranquille Liberge, le premier garçon de la ferme de Valaine.

ROBERT.

Oh! c'est différent. J'y suis pour ceux-là! (Antoine sort.) Messieurs, Jeanne Duchemin est ma sœur de lait, Marguerite ma filleule et Liberge un brave garçon avec qui j'ai joué quand j'étais enfant. Je ne pouvais leur refuser ma porte sans éveiller les soupçons de mes gens. Jeanne était la plus belle fille du bailliage de Criquetot, et feu Pierre Duchemin, son mari, avait pour rivaux tous les pêcheurs d'Étretat et tous les fermiers de Grandval.

SCÈNE II

Les Mêmes, JEANNE, MARGUERITE, LIBERGE.

ROBERT.

Entrez, mes amis, entrez : ma sœur Jeanne sera toujours la bienvenue chez moi...

JEANNE.

Vous êtes bien honnête, frérot.. non, je veux dire monsieur le marquis... mais si nous avions su que vous aviez tant de monde...

ROBERT.

Mes amis ne peuvent t'effrayer et tu es, pardieu, toujours bonne à voir... Ah çà! que fais-tu donc des années que tu prends? je te trouve plus fraîche et plus jeune qu'à mon dernier voyage...

LIBERGE.

N'est-ce pas, monsieur le marquis, qu'elle est superbe, la bourgeoise?

PARDIAC.

Superbe! c'est le mot...

ROBERT.

Mon brave Liberge, je ne te ferai pas le même compliment... Tu as vieilli !

LIBERGE.

Vous ne me trouvez pas aussi bien qu'autrefois. Je vas vous dire... il m'est arrivé un accident l'an dernier... J'ai eu la jaunisse pour mes étrennes.

JEANNE.

C'est vrai, le pauvre garçon était jaune à faire peur et malade à faire pitié, nous l'avons soigné de not' mieux et, Dieu aidant, notre brave docteur Izet l'a tiré d'affaire.

LIBERGE.

Oh! c'est pas lui, c'est vous, la bourgeoise.

ROBERT.

Je vois que tu es toujours la providence du pays, ma belle Jeanne.

JEANNE.

Gardez vos compliments pour qui les mérite tout de bon, pour Marguerite, pour votre filleule qui se faisait une fête de vous voir et que vous n'avez tant seulement pas regardée.

PARDIAC, à mi-voix.

Eh! voyez donc, messieurs, la petite est charmante.

ROBERT.

Approche, Marguerite, approche. Peste! comme nous sommes embellie depuis deux ans, te voilà tout à fait une grande demoiselle, et il me faudra, maintenant, ta permission pour oser t'embrasser!

MARGUERITE.

Je vous la donne, mon parrain.

ROBERT.

Merci... J'en use!... (Il l'embrasse. Marguerite se trouble et chancelle.) Qu'as-tu donc?... tu chancelles. (Il la fait asseoir.)

MARGUERITE.

Oh! ce n'est rien, mon parrain, un peu de fatigue, voilà tout.

JEANNE.

La petite n'est pas habituée aux voyages, v'là la première fois qu'elle sort du pays... C'est vrai qu'elle est toute pâle.

PARDIAC.

Elle est encore plus jolie...

MARGUERITE.

Ne vous tourmentez pas, mère, je suis bien, tout à fait bien...

JEANNE.

J'avais quelques bijoux à acheter à Rouen, j'ai fait profiter Marguerite et Liberge de l'occasion...

ROBERT.

Nous achetons des bijoux, sœur Jeanne, le moulin tourne donc bien...

JEANNE.

Oh! sur la falaise, ça n'est pas le vent qui nous manque. Grâce à Tranquille Liberge, mon premier garçon, les affaires ne souffrent pas trop du veuvage, puis je suis une femme de tête, moi, et si je ne sais ni lire ni écrire, Dieu merci, je sais compter.

ROBERT, riant.

Tu sais même faire le coup de fusil...

JEANNE.

Oh! pour une fois que ça m'est arrivé !...

ROBERT.

Et heureusement, cette fois-là, tu as eu le coup d'œil juste et la main ferme... (A Pardiac.) Ma chère Jeanne m'a sauvé de la mort, de la plus horrible mort. J'étais en chasse aux environs de Valaine ; accablé par la chaleur et par deux heures de marche dans les falaises et les valleuses, je m'étais endormi au bord du chemin, à l'ombre d'une haie, et si profondément endormi que je n'entendais pas les cris d'hommes et de femmes poursuivant un chien qu'on savait être enragé. L'animal allait, paraît-il, se jeter sur moi, j'étais perdu, quand Jeanne, voyant le danger que je courais, saisit mon fusil de chasse que j'avais laissé à quelques pas de moi, ajuste le chien et le tue au moment où sa gueule, bordée d'écume, touchait presque mon visage.

JEANNE.

C'est vrai ça, il n'était que temps, mais ce que vous ne dites pas, c'est que le coup parti, je me suis pâmée de peur. Dame! j'avais quinze ans...

LIBERGE.

Mademoiselle Marguerite, qui en a dix-sept, n'en ferait pas autant.

MARGUERITE.

Oh! non!... Je me placerais devant mon parrain, mais... voilà tout !

ROBERT.

Chère enfant!

JEANNE.

Ah ça! parlons de choses plus gaies. Si j'ai tenu à vous voir, frérot, c'est que je voulais vous inviter à la noce...

ROBERT.

Bah! tu te remaries, Jeanne.

JEANNE.

Moi, allons donc! Je suis une vieille femme à présent.

LIBERGE.

Oh! si on peut dire ça, bourgeoise.

ROBERT.

Une vieille femme! j'ai trente-quatre ans et tu n'as que six mois de plus que ton frérot.

JEANNE.

Quand on a eu un bon mari comme Duchemin, quand on a une grande fille comme Marguerite, est-ce qu'on peut penser encore... à...

ROBERT.

Alors, c'est ma jolie filleule qui entre en ménage.

MARGUERITE.

Non, mon parrain. Je ne veux pas me marier. Je ne me marierai jamais.

JEANNE.

Voyez-vous ça... si on la prenait au mot... Enfin ça n'est pas d'elle qu'il s'agit pour le moment...

ROBERT.

De qui donc? Je ne vois plus personne à marier au moulin de Valaine.

JEANNE.

Et grand-père Baillif!...

ROBERT.

Le vieux de la falaise, qui a je crois quatre-vingts ans.

LIBERGE.

Et cinq avec!

PARDIAC.

Quatre-vingt-cinq ans. Bel âge pour prendre femme.

JEANNE.

Merci, grand'mère Baillif n'entend pas céder son homme, c'est eux deux qui se remarient. On fête leur cinquantaine, et comme cette chose-là... ne se voit pas souvent, je voulions vous avoir à la noce.

ROBERT.

Pardieu ! j'irai !

MARGUERITE.

Bien sûr, mon parrain, c'est pour dans quinze jours.

ROBERT.

Je serai des vôtres et je conduirai la ronde avec ma filleule... oh! oh! quel beau bijou portons-nous là?

JEANNE.

Devinez ce que c'est, frérot...

ROBERT.

Je ne sais ce que peut contenir ce médaillon ?

JEANNE.

Votre petit portrait. Celui que madame la marquise a laissé après elle à ma défunte mère, pour reconnaître les bons soins qu'elle avait eus de vous. Marguerite l'a trouvé à son goût, ce petit portrait, et comme tout ce qui est chez nous est à elle, elle l'a pris. Quand je lui ai demandé hier, quel bijou elle souhaitait emporter de Rouen, elle m'a priée de faire encadrer dans une boîte d'or votre miniature... aussitôt dit, aussitôt fait, et Marguerite a voulu le porter tout de suite.

MARGUERITE.

Ça ne vous fâche pas, mon parrain.

ROBERT.

C'est un grand honneur que tu me fais-là, ma mignonne. (Allant à un meuble et ouvrant un tiroir.) Il manque une chaîne d'or pour suspendre ce médaillon. Tiens, Marguerite, cette chaîne a appartenu à la marquise, ma mère bien-aimée, je te la donne, tu auras ainsi et tout ensemble un souvenir d'elle et de moi.

MARGUERITE.

Oh ! ce souvenir ne me quittera jamais.

LIBERGE, bas.

Bourgeoise, il se fait tard et nous partons demain au petit jour.

JEANNE.

C'est vrai!... frérot, il faut nous dire adieu, nous allons profiter pour retourner chez nous de l'occasion que nous avons eue pour venir.

LIBERGE.

Césaire , le mareyeur , amenait des huîtres d'Étretat à Rouen et il nous a fait une petite place au milieu !

JEANNE.

Vous n'oublierez pas notre invitation, frérot. D'ailleurs Marguerite vous écrira pour vous en faire souvenir.

ROBERT.

Ma filleule est ton secrétaire?

JEANNE.

Elle est plus savante que père et mère. Depuis deux ans, il lui a pris comme une rage d'apprendre. Le curé et le maître d'école n'y pouvaient plus suffire.

ROBERT.

C'est entendu, Marguerite m'écrira et je porterai mon présent de noces aux mariés.

JEANNE.

Une embrassade de bonne amitié, voilà ce qui leur fera le plus de plaisir !

ROBERT.

Tiens, — tu la leur donneras d'avance. (Il l'embrasse.)

JEANNE.

Votre commission sera faite et bien faite, en route, mes enfants, Césaire nous attend. A revoir, frérot. Adieu, messieurs et la compagnie. (Ils sortent tous trois.)

SCÈNE III

LES MÊMES, moins JEANNE, MARGUERITE et LIBERGE.

PARDIAC.

Pardieu! le sang est superbe en Normandie.

ROBERT.

Antoine, referme la porte et ne rentre plus.

PARDIAC.

Je consolerais volontiers cette belle veuve-là !

ROBERT.

Messieurs, je me trompais tout à l'heure. J'ai une famille à Valaine. Après moi, je vous recommande Marguerite Duchemin, ma filleule, et maintenant buvons au triomphe de notre cause.

CARADEC, se levant.

A notre roi Louis XV.

TOUS.

A Louis XV !... (Ils choquent leurs verres.)

FIN DU PREMIER TABLEAU

Deuxième Tableau

Une salle basse de la ferme de Valaine. Au fond grand vitrage laissant voir la cour de la ferme et à l'horizon le moulin. En pan coupé à droite porte ouvrant sur la cour. En pan coupé aussi, à gauche, autre grande porte donnant entrée dans la chambre de Marguerite. A gauche premier plan, une grande cheminée. A droite, table, bahut, chaises, escabeaux.

SCÈNE PREMIÈRE

JEANNE, LIBERGE.

LIBERGE, entrant de droite.

Madame Duchemin, la bourgeoise, où êtes-vous?

JEANNE, à la cantonade.

Dans la chambre de Marguerite. J'achève de m'habiller.

LIBERGE.

N'achevez pas, la bourgeoise, et venez vite. J'ai une grande nouvelle à vous annoncer. Puis on va bientôt sonner pour la grand'messe de la cinquantaine.

JEANNE, sortant de la chambre à gauche.

Me voilà, petit... me voilà... J'ai été un peu de temps à ma toilette, parce que Marguerite n'a pu m'aider. Elle a attifé la mariée; elle veut que la mère-grand' soit brave comme à ses premières noces.

LIBERGE.

Vous vous remarieriez, vous, la bourgeoise, que vous seriez mieux encore que jadis; mais la mère-grand'!

JEANNE.

Je suis sûre que grand-père Baillif trouvera sa femme superbe. Quand on vieillit ensemble, on ne se voit jamais vieux. — Et la grande nouvelle, qu'est-ce que c'est?

LIBERGE.

Voilà! j'étais descendu sur la plage d'Étretat pour acheter

du poisson; les bateaux de pêche étaient en retard; Césaire,
le mareyeur, racontait qu'il y avait eu une conspiration
contre le Régent. On avait éventé la chose et fait des arres-
tations à Paris, à Nantes et à Rouen.

JEANNE.

C'est tout?

LIBERGE, à part.

C'est tout ce que je lui dirai ce matin... il ne faut pas at-
trister la fête.

JEANNE, s'attifant devant la glace.

Attache-moi ma croix.

LIBERGE, haut.

Il y avait foule autour du cabestan pour écouter Césaire,
mais j'étais pressé de remonter à Valaine.

JEANNE.

Oh! tu serres trop.

LIBERGE.

J'ai laissé Magloire attendre le poisson là-bas. J'avais
aussi passé chez Jean Vatinel, le barbier d'Etretat, pour
qu'il n'oublie pas de venir donner un coup de peigne et de
rasoir au marié.

JEANNE.

Dis donc, Liberge?

LIBERGE.

Bourgeoise?

JEANNE.

Tout ça ne te donne pas des idées de mariage à toi?

LIBERGE.

Pourquoi me demandez-vous ça?

JEANNE.

Parce que j'en ai moi, des idées.

LIBERGE.

De mariage?

JEANNE, riant.

Oui.

LIBERGE.

Vrai, vous ne refuseriez pas celui qui vous dirait : je ne
vaux pas feu Jérôme Duchemin, mais je vous aimerai encore
plus fort que lui.

JEANNE.

Qu'est-ce que tu me chantes là? tu sais ce que j'ai dit à
tous ceux qui sont venus se casser le nez aux ailes de mon

moulin : je me dois à ma fille... Elle aura tout mon bien. — Il me semble que je la volerais, la mignonne, si je lui donnais un frère.

LIBERGE.

Il serait si petit!

JEANNE.

Ne me parle'jamais de ces bêtises-là, et quand il viendra des prétendants à la veuve ou plutôt à son moulin, aide-moi à les mettre dehors.

LIBERGE.

Oh! pour ça, je le veux bien... Vous ne serez la femme de personne, de personne, n'est-ce pas?

JEANNE.

Qu'est-ce que ça peut te faire, à toi, que je me remarie ou que je reste veuve?

LIBERGE.

A moi... rien... Je dis ça... à cause de Marguerite.

JEANNE.

Est-ce que t'aurais peur qu'on n'écorne sa dot? Est-ce que t'aurais deviné quelles idées j'ai sur toi?

LIBERGE.

Vous pensez à moi, bourgeoise, quelquefois.

JEANNE.

Souvent.

LIBERGE.

Bien vrai.

JEANNE.

Qu'est-ce qu'il y a d'étonnant à ça? je te vois toute la journée et tu es toujours sur mes talons. Je pense à toi pour te marier.

LIBERGE.

Vous voulez me marier?

JEANNE.

Oui.

LIBERGE.

Et avec qui?

JEANNE.

Devine...

LIBERGE.

Ça m'est égal? Je refuse d'avance.

JEANNE.

Je voudrais bien voir que tu refuses Marguerite.

LIBERGE.

Marguerite, votre fille!

JEANNE.

Ah! tu ne refuses plus, à présent. Je te le dis tout net :
si j'avais connu un plus honnête garçon que toi, je l'aurais
pris. Mais comme dit le père-grand, tu es la crème du pays.
Puis, si notre bien s'est arrondi, si tout prospère chez nous,
c'est bien un peu ta faute, et il est juste que tu aies une
part dans l'argent que tu nous as gagné et dans le bonheur
que tu nous as fait.

LIBERGE.

Vous êtes bien honnête de me dire ces choses-là... ça me
flatte... mais... je ne peux pas être le mari de Marguerite.

JEANNE.

Et à cause?

LIBERGE.

Marguerite! c'est pas une femme pour moi... Je l'ai fait
danser sur mes genoux... Il me semble que c'est toujours
une petite fille... Je pourrais être son père.

JEANNE.

Tu seras son mari... Je le veux.

SCÈNE II

Les Mêmes, IZET, CÉLÉNIE, habitants du village.

CÉLÉNIE.

Voilà tout le village qui vient en procession chercher les
mariés.

JEANNE.

Célénie, va presser mère-grand'.. et toi...

LIBERGE.

Je vas passer la cravate au marié.

(Célénie sort à gauche, Liberge à droite. Par la porte en pan
coupé à droite entrent le docteur Izet et les habitants hommes
et femmes en habits de fête.)

JEANNE, allant à Izet.

C'est vous, notre cher docteur!

IZET.

Votre ami, Jeanne, et à ce titre je ne pouvais pas manquer à votre fête de famille.

JEANNE.

Sans vous, M. le docteur, au lieu d'une fête, il y aurait un
deuil chez nous; sans vos bons soins, la pauvre mère-grand'
ne se serait pas relevée de la chute qu'elle a faite l'an dernier... (Avec un soupir de regret.) Allons, frérot ne viendra pas,
je comptais pourtant bien sur lui.

IZET, aux paysans.

Elle ne sait rien... ne l'attristons pas, mes enfants.

LIBERGE, à droite.

Je vous annonce le marié.

MARGUERITE, à gauche.

Et moi la mariée.

    (Le grand-père Baillif est un grand et beau vieillard encore droit ;
       la grand'mère, plus vieillie et plus courbée, s'appuie sur une
       béquille.)

SCÈNE III

Les Mêmes, BAILLIF, LA MÈRE BAILLIF, LIBERGE, MARGUERITE.

BAILLIF.

Que de monde, et comme te voilà vaillante, Marie! (Il l'embrasse.) Tu vois, nos amis ont voulu comme autrefois nous
faire compagnie pour aller à l'église, comme autrefois, il
faut leur faire bon visage ; plus nous sommes vieux, plus
nous devons être gais, quand ça ne serait que par reconnaissance pour le bon Dieu qui nous a gardés si longtemps
à ceux qui nous aiment — le bonheur est comme une seconde jeunesse, nous sommes heureux, femme, donc nous
sommes jeunes.

LIBERGE.

Oui, papa Baillif, et il y a des jeunes qui ne vous valent
point.

BAILLIF.

Oui dà — tu ne voudrais pourtant point troquer tes trente ans
contre mes quatre-vingt-cinq! eh ben? vrai, je ne troquerais
point non plus — Dans not' passé il y a eu quelques mauvais
jours, ils sont loin et je les oublie — il y a en a eu de bons
et beaucoup, je ne me rappelle que ceux-là et je ne changerais
pas mes souvenirs contre les espérances. Dieu a bien tout
arrangé dans ce monde — il donne à chacun sa part et je le
remercie de celle qu'il m'a faite.

LIBERGE.

D'abord il vous donne deux noces, quand il y en a qui n'en ont pas tant seulement une.

BAILLIF.

Je ne vois pas de violonneux, autrefois nous en avions deux.

JEANNE.

Vous en aurez trois, grand-père, mais ils ne sont point encore arrivés.

BAILLIF à Marie.

Ah ! je ne fatiguerons pas ceux-là comme nous avons fatigué les autres — mais je compte pourtant ben faire le premier tour de ronde avec ma petite-petite-fille, avec Marguerite, le plus vieux avec la plus jeune.

TOUS.

Bravo...

LIBERGE.

C'est ça, père Baillif, moi je danserai avec la bourgeoise.

JEANNE.

Du tout, tu auras — mieux que moi. Je te garde pour la mariée.

LIBERGE, à part.

Merci... elle me garde toujours pour les autres.

BAILLIF.

Voyons, il doit être l'heure de se mettre en marche et il y a loin d'ici à l'église d'Etretat .. (Il cherche sa montre.) Eh ben... eh ben...

LIBERGE, regardant Jeanne.

Eh ben ! quoi donc qu'il y a, père Baillif ?

BAILLIF.

Il y a... il y a rien, au contraire... je n'ai pas ma montre.

BAILLIF.

Votre vieil oignon en cuivre qui retardait toujours.

LA MÈRE BAILLIF.

Ça n'est pas comme la mienne qui court trop vite... Tiens, en m'habillant, Marguerite a oublié... Je n'ai pas ma montre non plus.

LIBERGE.

Hein ? ils ont oublié la même chose !... comme vous vous entendez bien tous les deux...

JEANNE.

Oui, mais vous aviez deux montres qui ne s'entendaient
point du tout... je crois qu'à présent elles seront d'accord.
Tenez, grand-père! regardez, grand'mère! (Elle tire de sa
poche deux montres en argent.)

BAILLIF.

Une montre!

LA MÈRE BAILLIF.

En argent.

BAILLIF.

Toute neuve.

LIBERGE.

Un jour de noce faut que tout soit neuf.

BAILLIF.

Oh! elle est superbe!

LA MÈRE.

Avec une belle chaîne... vois donc, Baillif.

JEANNE.

C'est mon cadeau de noce.

LA MÈRE BAILLIF.

Célénie, aide-moi...

(Célénie lui passe la chaîne au cou.)

MARGUERITE, bas à Jeanne.

Mère, tu t'es trop pressée... il fallait patienter encore, je
suis sûre que mon parrain viendra...

JEANNE.

Bah! il nous oublie, ton parrain.. (Haut et regardant Marguerite.) Mais ça n'est pas tout, il y a encore une surprise pour
les mariés.

MARGUERITE, vivement.

Si vous dites ça d'avance, ils ne seront pas surpris du
tout.

(Bruit de cloches.)

BAILLIF.

V'là les sonneurs qui nous carillonnent. Il ne faut pas
faire attendre M. le curé.

LA MÈRE BAILLIF.

Il ne faut pas non plus perdre son bonnet en route...
vite... vite une épingle.

CÉLÉNIE.

Il y en a chez mademoiselle.

MARGUERITE, vivement.

N'entre pas, Célénie, je te le défends !

CÉLÉNIE.

A cause donc que mamzelle ferme comme ça sa porte.

BAILLIF.

Voilà deux jours qu'elle ne laisse entrer personne chez elle. Que caches-tu donc là-dedans, mignonne ?

IZET, bas à Jeanne en riant.

La surprise...

JEANNE, bas.

Un dessus de lit tout brodé et piqué.

MARGUERITE.

Je ne cache rien, grand-père, rien, je vous assure... voilà une épingle pour grand'mère.

(Pendant que Célénie rattache le bonnet de la mariée, Jeanne prend Marguerite à part.)

JEANNE, bas.

Ta surprise n'est donc pas prête? tu avais travaillé toute la journée hier.

MARGUERITE.

J'ai encore une heure d'ouvrage.

JEANNE.

Eh bien, reste pour finir. Liberge demeurera aussi (Haut.) Liberge, tu vas mettre le couvert..(A Marguerite.) Il a à te parler.. A Liberge.) Tu sais ce que tu as à dire à Marguerite. (Bas.) Tu sais encore que lorsque j'ai dit je veux.:.

LIBERGE.

C'est comme quand vous avez dit je ne veux pas... il n'y a pas à y revenir. (Trois violonneux paraissent à droite.)

JEANNE.

Ah ! v'là les violonneux !

BAILLIF.

Allons, Marie, donne-moi ton bras, nous ne nous présenterons pas à l'église avec le même visage, mais nous avons toujours le même cœur. En route, mes amis !

(Baillif a pris le bras de sa femme, Izet le bras de Jeanne et tout monde sort à leur suite.)

SCÈNE IV

MARGUERITE, LIBERGE.

LIBERGE.

Les voilà partis...

MARGUERITE

Qu'est-ce que vous avez à me dire, Liberge ? dépêchez-vous, car j'ai à travailler chez moi.

LIBERGE.

Travailler un jour comme celui-ci... c'est pour la mariée, n'est-ce pas ?

MARGUERITE.

Peut-être bien. Voyons, de quoi s'agit-il ? parlez vite.

LIBERGE.

Parlez vite... si vous croyez que ça soit commode à dire ! je m'attendais si peu à la tuile que je viens de recevoir, j'en suis encore étourdi. Enfin il n'y a que vous qui puissiez m'en sauver.

MARGUERITE.

Moi ?

LIBERGE.

Vous toute seule.

MARGUERITE.

J'écoute.

LIBERGE.

Mamzelle Marguerite, vous avez toujours été bonne avec moi... je viens vous demander, oh ! mais là comme un grand service, de dire à madame Duchemin, votre mère, que vous ne pouvez ni me voir, ni me sentir, que vous m'avez en horreur.

MARGUERITE, riant.

Comme ça n'est pas vrai, je ne le dirai pas !

LIBERGE.

Ah ! mon Dieu ! est-ce que vous m'aimeriez, par hasard ?

MARGUERITE.

Certainement et de tout mon cœur.

LIBERGE.

Là, eh ben ! en v'là du guignon... comment... vous m'aimez ! là, pour tout de bon ?

MARGUERITE

Oui.

LIBERGE.

Et vous voudriez de moi pour mari ?

MARGUERITE, vivement.

Non.

LIBERGE.

Ah ! v'là que nous allons nous entendre. Votre mère a eu une idée... qu'elle est allée chercher je ne sais où, et cette idée, c'est de nous marier tous les deux.

MARGUERITE.

Je ne veux pas.

LIBERGE.

Ni moi non plus. Je peux vous avouer à présent que j'aime quelqu'un.. non.. quelqu'une, qui ne s'en doute pas, qui ne s'en doutera jamais... et que j'aimerai pourtant jusqu'à la fin de mes jours.

MARGUERITE.

Pauvre garçon !

LIBERGE.

Ainsi, c'est bien convenu, je vous ai demandée et vous me refusez.

MARGUERITE.

Oui,

LIBERGE.

Et quand votre mère sera là... vous refuserez encore, vous aurez du courage.

MARGUERITE.

J'en aurai...

LIBERGE, à part.

Elle ne veut pas de moi... que je suis heureux !

SCÈNE V

LES MÊMES, MAGLOIRE.

MAGLOIRE.

Me v'là. J'apporte du poisson d'Étretat et des nouvelles de Bénouville.

MARGUERITE.

De Bénouville ?

MAGLOIRE.

Oui, mamz'elle... on dit que le château est plein des gens de la police de Paris ; qu'ils sont venus pour arrêter M. le marquis.

MARGUERITE.

Mon parrain !

MAGLOIRE.

Il paraît qu'il a conspiré.. et que, cette fois, il y aura peine de mort.

MARGUERITE.

Peine de mort!

LIBERGE, le poussant pour le faire taire.

Mais tais-toi donc, bavard !.. Je te fais un tas de signes dans le dos, et tu ne vois pas!... (A Marguerite.) Allons.. ne faut pas vous désoler d'avance; M. le marquis a pu se sauver, puisqu'on le cherche... La France est grande, et trouver dedans un homme qui se cache, c'est comme qui dirait trouver une aiguille dans une botte de luzerne. Ne vous désolez pas, que je vous répète, et surtout ne dites rien à la bourgeoise. Allons, viens-t-en toi, bavard, porter ton poisson à la cuisine.

MAGLOIRE.

Mais, ils me l'ont dit... ils me l'ont dit!...

LIBERGE.

Moi, je vais tirer du cidre. (A part.) Épouser Marguerite, épouser une autre que... jamais, jamais... je coifferai la sainte Catherine des garçons... voilà!

(Il sort avec Magloire à droite.)

SCÈNE VI

MARGUERITE, seule.

Mon parrain compromis... oh! mais il échappera à ceux qui le poursuivent. Mon parrain ne doit pas être coupable; il ne pouvait vouloir la mort de personne, lui si bon, si doux!... oh! j'ai bien pu le connaître et le juger, quand, il y a deux ans, il est venu passer la saison des chasses à Bénouville; il s'arrêtait ici très-souvent... Comme j'étais contente lorsque je le voyais arriver... et quand il est parti pour Paris, j'avais le cœur serré... je suis restée triste jusqu'au jour où maman a consenti à me donner ce petit portrait... ça me consolait de le regarder.. et quand j'étais seule, je ne le quittais plus des yeux... Pourquoi? je n'en sais rien... d'habitude, on ne pense pas tant que ça à son parrain... s'il lui arrivait malheur, oh! je le sens bien, j'en mourrais.

SCÈNE VII

MARGUERITE, ROBERT.

La fenêtre, premier plan à droite, s'ouvre ; un homme passe sa tête et regarde : cet homme, c'est Robert.

ROBERT.

Marguerite...

MARGUERITE.

Ah ! c'est lui !

ROBERT.

Chut ! es-tu seule ?

MARGUERITE.

Oui... oui... entrez vite. (*Elle referme la fenêtre quand Robert est entré ; Robert est pâle, fatigué par une longue course : sa chevelure et ses vêtements sont couverts de poussière.*) Personne ne vous a vu ?

ROBERT, *tombant sur une chaise.*

Personne.

MARGUERITE.

Mon Dieu ! comme vous êtes pâle.

ROBERT.

Je suis abîmé de fatigue. J'ai marché toute la nuit ; hier j'ai failli être arrêté à Rouen.

MARGUERITE.

Vous étiez donc vraiment du complot ?

ROBERT.

Nous avons été trahis, vendus... J'espérais pouvoir gagner mon château de Bénouville, mais j'ai su que les agents de Dubois y étaient déjà ; d'ailleurs la force m'aurait manqué, je me suis traîné jusqu'à la ferme de Valaine... on me prendra... on me tuera ici... je ne peux pas aller plus loin.

MARGUERITE.

Vous prendre... vous tuer... vous, mon parrain... non, non ! nous vous cacherons si bien qu'on ne vous trouvera pas. D'abord, prenez un peu de ce vieux vin qu'on avait tiré de la cave pour les mariés... vous savez...

ROBERT.

Ah ! c'est aujourd'hui.

MARGUERITE.

La cinquantaine... oui... mais personne ne songerait à se réjouir chez nous si on avait su... Buvez, mon parrain, ce bon vin-là va vous remettre.

ROBERT.

Merci, mon enfant... j'accepte l'asile que tu m'offres, mais pour quelques heures seulement ; je ne veux pas vous compromettre, vous perdre avec moi.

MARGUERITE.

Ne songez pas à cela... ne pensons qu'à vous.

ROBERT.

On n'a, paraît-il, que des soupçons ; mais si on m'arrête, il ne me sera pas possible de prouver que je n'étais pas hier à Rouen, à la réunion des gentilshommes, puis je ne sauverais pas ma vie au prix d'un mensonge. Je te le répète, Marguerite, je ne peux, je ne veux pas exposer mes amis à la haine de Dubois. Je quitterai la ferme cette nuit.

MARGUERITE.

Si vous voulez absolument partir d'ici, Liberge, à qui on peut se fier, Liberge ira prévenir Jean Maillard, le meilleur, le plus honnête marin d'Étretat. Son canot est solide ; il y aura pleine mer cette nuit ; Maillard vous conduira en Angleterre. Là, vous n'aurez plus rien à craindre.

ROBERT.

Je te devrai mon salut, chère enfant. (On entend les cloches au loin. Se levant.) On marche dans le petit clos.

MARGUERITE.

C'est la noce qui revient.

ROBERT.

Où pourrai-je me cacher ?

MARGUERITE, ouvrant la porte de sa chambre.

Là !

ROBERT.

Cette chambre n'est-elle pas la tienne ?

MARGUERITE.

Oui, et personne n'y entrera, je vous le jure...

ROBERT.

Marguerite... si j'étais découvert... tu serais arrêtée aussi... perdue peut-être.

MARGUERITE.

Je n'ai pas le courage de ma mère, mais j'ai son dévouement, et s'il fallait mourir pour vous, je n'hésiterais pas.. Voilà tout le monde... entrez vite... je le veux.

(Robert prend la main de Marguerite, la porte à ses lèvres, puis entre dans la chambre. Marguerite a pâli, chancelé comme au premier tableau ; mais, entendant venir, elle ferme vivement la porte et en retire la clef.)

SCÈNE VIII

MARGUERITE, JEANNE, BAILLIF, MÈRE BAILLIF, LIBERGE, MAGLOIRE, IZET, toute la noce.

JEANNE.

La cérémonie a été superbe; tout Étretat, tout Bordeaux-Saint-Clair était à l'église et notre curé est monté en chaire pour complimenter les mariés.

LA MÈRE BAILLIF.

Vrai... notre première noce n'était point si belle.

BAILLIF.

On nous a traités comme des seigneurs, nous qui ne sommes que des paysans.

JEANNE.

Comment, le couvert n'est pas dressé?

MAGLOIRE.

Espérez, bourgeoise, espérez, tout le monde y va mettre la main. (On apporte en scène une table toute servie.)

LIBERGE.

Le cidre est tiré... et il est fameux.

JEANNE, bas.

Arrive ici, toi... qu'est-ce que t'a dit Marguerite?

LIBERGE, bas.

Qu'elle me trouvait affreux... je n'en ai pas demandé davantage.

JEANNE.

Affreux! ça n'est pas vrai! tu n'es pas beau, mais tu es gentil.

LIBERGE.

Vous me trouvez gentil, la bourgeoise?

JEANNE.

Pour mon gendre... oui... nous reviendrons là-dessus.

CÉLÉNIE.

On peut se mettre à table.

TOUS.

A table!

MARTINE, entrant avec une grosse soupière.

V'là la soupe.

BAILLIF riant.

Si elle est aussi grasse que toi, Martine.

MARTINE.

Ah! mais, oui dà, c'te fois on n'a pas mis que du chou dans la marmite — il y a de la viande itou.

MAGLOIRE, entrant.

V'là le poisson.

LIBERGE, rentrant.

V'là la dinde — A présent que tout est sur la table je peux m'asseoir. M'avez-vous gardé une place à côte de vous, la bourgeoise?

JEANNE.

Une place? — il fallait faire la table plus grande... tu resteras debout — aide Célénie et Martine — donne-nous des assiettes!

LIBERGE.

Ah! mais, je ne m'amuserai pas du tout à c'te noce-là.

TOUS.

Des assiettes, des assiettes.

LIBERGE, CÉLÉNIE, MARTINE.

Voilà, voilà.

(En se pressant ils se heurtent, et Liberge laisse tomber les assiettes qu'il tenait.)

JEANNE.

Ah! bon! mes assiettes au coq toutes neuves.

LIBERGE.

Ne vous fâchez pas, la bourgeoise, ça n'est que des vieux coqs.

JEANNE.

Casser de la vaisselle, ça porte malheur.

BAILLIF.

Du tout, j'ai cassé deux assiettes à mon dîner de noces, et un ancien m'a prédit que je me marierais deux fois.

LIBERGE.

J'en ai cassé trois.

BAILLIF.

Eh bien t'auras deux cinquantaines, t'es pas à plaindre

IZET.

Mes amis, je porte la santé des mariés.

TOUS.

Aux mariés!

LIBERGE.

Père Baillif, toute l'assemblée vous demande une ronde.

TOUS.

Oui! oui, une ronde!

BAILLIF.

Une ronde d'Étretat... J'en sais une sur laquelle j'ai bien
dansé et que je ne chantais pas trop mal à la passée... Mais
aujourd'hui, je ne vous en dirai qu'un couplet.

JEANNE.

Chacun dira le sien, commencez, grand-père.

BAILLIF.

Je le veux bien.

RONDE D'ÉTRETAT.

PREMIER COUPLET.

BAILLIF.

Au grand bailliage de Criqu'tot
Il y avait un' fileus' gentille
Qu'aimait un beau meunier d'Yv'tot :
Il la demande à sa famille.
Un v'nait de les unir,
Le r'pas s'achève,
Et chacun s'lève,
Tout l'monde allait partir;
Mais la marié' venait d's'enfuir.

CHOEUR.

No violonne si bien,
Qu'ça vous enlève. (bis.)
No violonne si bien,
Qu'ça vous enlève, tant qu'ça va bien.

TOUS.

A Jeanne! à Jeanne!

JEANNE.

A moi! oh! je ne me fais pas prier.

DEUXIÈME COUPLET.

Ça gât' la fête naturell'ment.
Les parents crient, l'mari s'démène,
V'là qu'par un p'tit nègre on apprend
Qu'c'est un pacha turc qui l'emmène,

Comme il peut la m'ner loin,
Puisqu'il l'enlève ; (bis.)
Comme il peut la m'ner loin,
L'mari s'dit d'un ch'val j'ai besoin.
CHOEUR.
No violonne si bien, etc...
iberge est parvenu à s'asseoir à table, tournant le dos au public.
JEANNE.

Tiens! tu as donc trouvé une place, toi?
LIBERGE.
La bourgeoise, j'peux t'y en chanter un aussi?
JEANNE.
Mais certainement!... va, va donc!
LIBERGE, se lève, et hésite.
Ah! mais...
JEANNE.
Eh bien! qu'est-ce que tu as?
LIBERGE.
C'est que... je ne peux pas chanter quand on me regarde.
JEANNE.
Eh bien, retourne-toi.
LIBERGE.
Ah! bien oui... (Il fait face au public.) Comme ça on ne me
verra point.
TROISIÈME COUPLET.
LIBERGE, tournant le dos à la table.

Il galope et dans le grand val
Il entend comme un' voix plaintive,
Il saute à bas de son grand ch'val,
Près d'son épouseuse il arrive;
Dans l'herbe il la reconnaît,
Vite il la r'lève; (bis.)
D'vinez c'qui lui manquait?...
Rien... qu'une épingle à son... bonnet!
CHOEUR.
No violonne si bien,
Qu'ça vous enlève; (bis.)
No violonne si bien,
Qu'ça vous enlève, tant qu'ça va bien!
MAGLOIRE, entrant du fond et tout effrayé.
Il y a de la maréchaussée et des hommes de la police de
Paris plein le petit clos. (Tout le monde se lève.)
JEANNE.
Des soldats, de la police chez nous... Que veulent donc
ces gens-là?

MARGUERITE, à part.

Je le sais, moi.

SCÈNE IX

LES MÊMES, UN AGENT SUPÉRIEUR suivi d'agents subalternes et de
soldats de la maréchaussée.

L'AGENT SUPÉRIEUR.

La veuve Buchemin ?

JEANNE.

C'est moi.

L'AGENT.

Cette ferme dépend du château de Bénouville et vous êtes
la sœur de lait du marquis Robert de Bénouville.

JEANNE.

Oui... Qu'est-ce que vous avez à me demander? Enfin, qui
cherchez-vous?

L'AGENT.

M. le marquis de Bénouville.

JEANNE.

Frerot! Qu'est-ce que la police peut lui vouloir?

L'AGENT.

On a de fortes raisons de croire qu'il faisait partie du comité rouennais qui s'était affilié avec le comité breton. Plu-
sieurs conjurés ont pu fuir... On a suivi les traces de l'un
d'eux jusqu'à Goderville, là ces traces se sont perdues. Si
M. de Bénouville est le coupable que nous poursuivons il a
dû vouloir chercher un refuge dans son château ou dans
cette ferme. Le château est déjà occupé et a été inutilement
fouillé. Nous serons peut-être plus heureux à la ferme.

BAILLIF.

Si le marquis était caché chez nous, nous nous ferions
tuer plutôt que de vous le livrer. — Mais Robert n'est pas
ici. — Vous pouvez chercher.

JEANNE.

Et chercher partout. — Mon pauvre frérot !
(Tout le monde quitte la table, cette table toute servie est portée
au fond.)

IZET.

Rassurez-vous, il n'est que soupçonné; rien ne prouve
encore qu'il faisait hier partie du conciliabule tenu à
Rouen... et M. Dubois lui-même ne peut faire condamner
un gentilhomme sans fournir de preuves contre lui.

UN AGENT, entrant de droite.

Nous avons cherché partout.

L'AGENT SUPÉRIEUR.

Partout... excepté dans cette chambre dont on a retiré la clé.

JEANNE.

C'est la chambre de Marguerite, de ma fille... et il est bien inutile...

L'AGENT SUPÉRIEUR.

Donnez-moi la clé de cette chambre?

BAILLIF.

Donne-la, Marguerite.

MARGUERITE.

Jamais... jamais... (Se plaçant devant la porte.) Vous n'entrerez pas.

L'AGENT SUPÉRIEUR, repoussant Marguerite.

Pardieu, je crois que j'ai trouvé la cachette.

(On enfonce la porte de la chambre. Cette porte en s'ouvrant toute grande, laisse voir l'intérieur de la petite chambre de Marguerite. Robert, étendu sur une chaise et la tête posée sur le bord du lit de Marguerite, est profondément endormi.)

SCÈNE X

LES MÊMES, ROBERT.

TOUS.

Robert!... le marquis !

L'AGENT SUPÉRIEUR.

Que disais-je?

JEANNE à MARGUERITE.

Robert ici... dans ta chambre!...

L'AGENT SUPÉRIEUR.

Nous tenons notre homme.

(Au bruit que fait l'agent en marchant dans la chambre, Robert s'éveille, il regarde autour de lui, se voit découvert, entouré.)

ROBERT, se levant et à part.

Je suis découvert... perdu... Mais je ne laisserai pas soupçonner Marguerite. (Il se dirige vers l'agent supérieur.)

MARGUERITE, se plaçant entre Robert et l'agent.

M. le marquis ne peut pas être celui que vous cherchez. M. le marquis ne pouvait pas être à Rouen hier... Il était ici.

TOUS.

Ici !

L'AGENT SUPÉRIEUR.

Personne ne l'y a vu.

MARGUERITE.

Je le cachais depuis deux jours.

BAILLIF.

Dans ta chambre ?

JEANNE, à Baillif.

Non... non... Marguerite ment. Je le sais bien, moi...

MARGUERITE, bas.

Taisez-vous, mère, vous le perdez.

JEANNE.

Mais tu te déshonores.

MARGUERITE.

Je le sauve. (A Robert qui fait un mouvement.) Ne me démentez pas, il y va pour vous de l'échafaud.

BAILLIF.

M. le marquis, vous ne pouvez pas être venu chez nous pour déshonorer notre enfant.

ROBERT, bas à Marguerite.

Je n'ai qu'un moyen d'accepter ton généreux sacrifice. (Haut) Grand'père, il n'y aura pas de déshonneur dans votre maison. S'il y a eu faute, il y aura réparation. Jeanne Duchemin, je te demande en mariage Marguerite, ta fille, Marguerite qui m'aime (A part.) et que j'aimerai. (Surprise générale.)

IZET, à l'agent.

Voilà un alibi bien prouvé et vous chercherez ailleurs l'homme que vous poursuiviez.

L'AGENT.

Allons, je vois qu'il ne s'agit que d'une amourette et puisqu'il y a mariage... on ne peut pas douter de la déclaration de cette petite... (A ses hommes.) Venez ! (Ils sortent.)

JEANNE, à Robert.

Vrai ! bien vrai, Robert ?

MARGUERITE.

Oh vous pouvez vous dédire à présent, mon parrain !

ROBERT.

Non, non! dans huit jours tu seras ma femme. (Il l'embrasse.)

LIBERGE.

V'là les violonneux!... eh bien! il y aura noces et fiançailles!... Vive M. le marquis! Vive mam'zelle la marquise ! (Cris de joie.)

FIN DU DEUXIÈME TABLEAU ET DU PROLOGUE

Troisième Tableau

Sept ans après le prologue. Le théâtre représente le petit clos planté d'arbres. A gauche du public l'entrée de la maison. — A droite, bâtiment de ferme, grange ouverte. Tout au fond une haie fermant le clos. Au milieu de la haie, une porte charretière avec toit de chaume. Audelà la campagne.

LIBERGE, MARTINE servante.

LIBERGE, entre, se tenant la tête.

Oh ! la! la!

MARTINE, le suivant.

Décidément, Liberge, vous êtes plus effaré qu'un linot. A c'matin vous avez jeté au râtelier de l'étable à vaches des bourrées de joncs marins au lieu de bottes de luzerne, et à ce soir vous allez vous cogner contre une aile de not' moulin.. à quoi donc que vous pensez?

LIBERGE.

Ça ne te regarde pas, Martine, ça ne regarde personne... (Se frottant le front) Ça tape dur tout d'même, une aile de moulin.

MARTINE.

Espérez, je vas vous aller quérir un petit verre de fil en quatre, ça vous remettra le sang en place... (Elle entre dans la maison.)

LIBERGE.

C'est fini... Je ne sais plus ce que je fais. Depuis deux jours que la bourgeoise est partie pour Yvetot, je n'ai plus la tête à moi... Quand la bourgeoise est ici... je suis malheureux, quand elle n'y est plus, je suis fou... et elle ne s'aperçoit de rien... et elle ne pense pas plus à moi qu'à Magloire ou à Martine... Oh! je suis trop malheureux, faut qu'ça finisse!

MARTINE, entrant.

V'là le fil en quatre!...

LIBERGE.

Merci... (Il avale d'un trait.) Où est le grand-père? faut que je lui parle, tout de suite.

MARTINE.

Le vieux Jacques Baillif est allé faire sa promenade de tous les jours... sa visite au cimetière. La pauvre mère Baillif n'a pas été beaucoup plus loin que sa cinquantaine... elle est morte le jour même où Marguerite... non, je veux dire la marquise de Benouville, mettait au monde sa petite Odette.. il y a longtemps de ça... Eh! tenez, le v'là le grand-père, toujours droit comme un chêne, mais toujours triste à c't'heure... C'est celui-là qui aimait sa femme. (Bas.) Ça n'est pas comme le marquis, qui n'a été amoureux que pour rire et qui néglige si bien cette chère Marguerite que sans son enfant on la pourrait croire encore demoiselle.

SCENE II

LES MÊMES, BAILLIF.

(Il remet à Liberge son chapeau qu'entoure un large crêpe noir. Baillif est toujours le solide vieillard du prologue. Mais la tristesse a gravé de nouvelles et plus profondes rides sur son visage. Martine rentre à la maison. Baillif est allé s'asseoir sur le banc.)

BAILLIF, à part, à Liberge.

On n'a pas encore vu Marguerite aujourd'hui?

LIBERGE.

Non, pas encore.

BAILLIF.

Son mari lui a défendu de venir au moulin... Pauvre Marguerite!... mieux eût valu pour elle l'apparence de la honte que la réalité du malheur. Son mari ne l'aime plus, si tant est qu'il l'ait jamais aimée... il s'est repenti bien vite d'avoir payé de son nom le généreux sacrifice de la pauvre enfant... Oh! mes pressentiments ne me trompent jamais, et je n'avais que de la tristesse dans le cœur le jour où j'ai conduit à l'église la nouvelle marquise de Benouville.

LIBERGE.

M. le marquis n'est pas un mari comme vous l'avez été...
comme je le serais... mais que voulez-vous. Ça n'est pas
un homme de notre sorte...

BAILLIF.

Non... il n'est pas de notre sorte, il me l'a bien fait sentir,
une fois que je lui parlais comme un père parle à son fils...
et depuis je ne suis pas retourné à son château... Que de-
viendront Jeanne et Marguerite quand je ne serai plus là
pour les conseiller, pour les consoler surtout... (Regardant
Liberge et lui tendant la main.) Après moi, elles auront au moins
un ami loyal et dévoué. Tu leur resteras, toi, Liberge...

LIBERGE.

Non, non, père Baillif, il ne faut pas compter dessus moi :
j'attends que la bourgeoise soit revenue d'Yvetot, pour lui
demander mon congé.

BAILLIF.

Ton congé ? Tu veux nous quitter, toi qui es né à la ferme,
toi que j'aime comme un de mes enfants... n'es-tu donc
aussi qu'un ingrat?... n'as-tu donc pas de cœur?

LIBERGE.

Pas de cœur!... j'en ai trop, père Baillif... c'est ce qui
m'étouffe... Vous ne vous êtes pas demandé, vous et les autres, comment et pourquoi j'étais arrivé à l'âge que j'ai sans
qu'on m'ait connu tant seulement une bonne amie, ça n'était
pas naturel... car enfin, je suis un homme, père Baillif... je
suis un homme.

BAILLIF.

Je comprends... tu aimes une fille qui ne veut pas de toi!

LIBERGE.

Ça n'est pas une fille...

BAILLIF.

Ah! si tu aimes la femme d'un autre et si tu ne peux pas
guérir de cet amour-là... ton devoir est de partir... et je ne
te retiendrai plus.

LIBERGE.

Ça n'est pas une femme que j'aime, c'est une veuve...

BAILLIF.

Une veuve... et à cette veuve, tu n'as pas dit que tu l'aimais...

LIBERGE.

Je m'en serais bien donné de garde... si je lui avais parlé de mon attachement pour elle, elle n'aurait fait qu'en rire et se serait moquée de moi, ou si elle avait pris la chose au sérieux, elle m'aurait chassé de la maison. Vous voyez, père Baillif, qu'il vaut mieux que j'en sorte.

BAILLIF.

Reste... j'ai tout compris... je parlerai pour toi à Jeanne...

LIBERGE.

Vous, père Baillif ?

BAILLIF,

Oui... je veux après moi un soutien à mes enfants...

JEANNE, à la cantonnade.

Magloire, soigne bien Blanchette...

LIBERGE.

Oh ! la v'là... grand-père... la v'là.

SCÈNE III

BAILLIF, JEANNE, LIBERGE.

JEANNE.

Bonjour, tout le monde... Tiens, Liberge, prends ma capuche. Grand-père, embrassez-moi... J'ai laissé Blanchette à Magloire... elle est en eau, la pauvre bête... Oh ! dam ?... J'ai mené grand train... j'avais si grand' hâte d'arriver... Martine s'occupe de la... (S'interrompant.) Eh bien, qu'est-ce que vous avez donc tous les deux ?... Vous ne me demandez tant seulement pas si j'ai fait un bon voyage.. il a été excellent, mon voyage... et je reviens toute contente...

LIBERGE, bas à Baillif.

Elle est contente... profitez du moment...

BAILLIF.

Jeanne, quand tu es arrivée, je grondais Liberge...

JEANNE.

Bah! quoi donc qu'il a fait, ce grand enfant-là?

BAILLIF.

Il veut nous quitter.

JEANNE.

Lui... ça n'est pas possible... n'est-ce pas, Liberge ?

LIBERGE.

Si... si, bourgeoise.. Je ne peux plus y tenir, voyez-vous.

JEANNE.

T'es malheureux chez nous, toi.. toi?... Arrive ici. Qu'est-
ce qu'on t'a dit?... qu'est-ce qu'on t'a fait?... Je t'ai t'y
causé de la peine, par hasard?... en quoi?... pourquoi?... ça
serait sans le vouloir au moins.

LIBERGE.

Est-elle bonne !...

BAILLIF.

Il veut s'en aller, parce qu'il aime une femme qui ne vou-
drait pas de lui...

JEANNE.

Et pourquoi donc qu'elle le refuserait? on n'en a pas à la
douzaine des garçons comme Liberge... Je ne veux pas que tu
t'en ailles... entends-tu... Quéque c'est que c'te femme ?
J'irai lui parler, moi.. et pas plus tard que tout de suite.

LIBERGE, bas.

Vous voyez, père Baillif... elle ne se doute tant seulement
pas que c'est d'elle que je suis affolé et j'étais dans le vrai
de vouloir m'en aller sans lui rien dire.

BAILLIF.

Celle qu'il aime, tu ne devines point qui que ça peut
être?... Eh ben... c'est toi, Jeanne.

JEANNE.

Moi ! (A Liberge en riant.) Ah ! par exemple ! voilà ce que je
n'aurais jamais deviné... ce n'est pas pour tout de bon que
tu dis ça ?

LIBERGE.

Si ! si !

JEANNE, plus sérieuse

Ah! Et quand donc que ça t'a pris, c'te lubie là?

LIBERGE.

Appelez ça comme vous voudrez... Je suis comme ensor-
celé depuis le temps que, me voyant si malade... vous m'a-
vez soigné, comme n'eût pas fait mieux une mère... Quand
vous mettiez sur vos épaules ma tête qui était comme un
charbon rouge... j'aurais voulu rester comme ça toute ma
vie... et quand vous souleviez mon pauvre corps pour que
je puisse reprendre le souffle qui me manquait, quand je
sentais vot' cœur battre tout près du mien... je me disais,
c'est comme ça que je voudrais vivre toujours... ou mourir
tout de suite...

JEANNE.

C'était l'effet de la fièvre...

LIBERGE.

La fièvre a passé et l'attachement est resté...

JEANNE.

Comment, garçon... ça te tient comme ça depuis huit ans.

LIBERGE.

Et ça ne me quittera plus.

JEANNE, émue et tendant la main à Liberge.

Touche-là... tu es un honnête garçon, toi, et ce n'est pas à mes écus que tu en veux; ne me quitte pas, Liberge... ne me quitte jamais... si tu partais, il me manquerait quelqu'un à tarabuster... quelqu'un à aimer aussi... oui, je t'aime, grand niais, mais comme un ami, comme un frère... Contente-toi de cette amitié-là. — C'est tout ce que je peux, tout ce que je veux donner.

LIBERGE.

Mais à cause...

JEANNE.

D'abord, je me ferais honte à moi-même de jouer à la mariée à mon âge, puis dans ce cœur-là, vois-tu, il n'y a plus de place que pour mon amour pour ma fille, il s'est trop bien habitué à loger là tout seul.

BAILLIF.

Écoute, Jeanne. — J'ai retenu Liberge parce qu'il faut un homme à la tête d'une famille. Je dois être arrivé au terme des jours de grâce que le bon Dieu m'a donnés, et quand ma place sera vide au foyer, elle ne sera pas prise par M. de Bénouville qui nous repousse et nous dédaigne. Où trouveras-tu un cœur plus droit, plus dévoué que celui de Liberge? Le mot d'amour t'effraie, remplace-le si tu veux par celui d'amitié... Les amoureux d'aujourd'hui sont toujours les amis de demain. Enfin, Jeanne, à cause même de ta tendresse pour Marguerite, ne repousse pas l'homme honnête et loyal qui sera pour elle comme pour toi un ferme et courageux soutien.

JEANNE, après un temps.

Liberge, ne pars pas. Quand je verrai Marguerite heureuse, et je crois avoir fait aujourd'hui beaucoup pour son bonheur, enfin quand je n'aurai plus à m'occuper d'elle, je m'occuperai peut-être bien de moi et de toi ! Gros bêta, qui t'amuse à t'amouracher d'une grand'mère !

SCÈNE IV

Les Mêmes, MARGUERITE, ODETTE sa fille âgée de six ans.

ODETTE courant à Jeanne.

Bonjour, maman Jeanne, bonjour, grand-père!

LIBERGE

Madame la marquise au moulin!

JEANNE.

Et avec Odette, avec ma petite-fille chérie... voilà une bonne surprise. Je n'espérais pas ta visite à Valaine et je comptais t'aller voir à Bénouville.

BAILLIF.

Monsieur ton mari t'a donc permis de venir cette fois?

MARGUERITE.

Robert ne sait pas que je suis ici, je suis accourue pour vous dire : protégez-moi! défendez-moi!

JEANNE.

Contre Robert?...

BAILLIF.

Contre ton mari?...

ODETTE.

Papa a été méchant ce matin avec petite maman.

BAILLIF.

Que s'est-il donc passé?

MARGUERITE.

Depuis longtemps Robert ne m'aimait plus, il m'abandonnait pour aller passer des mois entiers à Paris, et s'il revenait à Bénouville, ce n'était que pour embrasser Odette, puis il repartait. Je souffrais cruellement de cet abandon, mais pour soutenir mon courage, pour me donner de la résignation, j'avais votre tendresse, j'avais les caresses de mon enfant. Ce matin, Robert en m'apprenant son départ m'a déclaré qu'il n'était pas convenable qu'Odette restât plus longtemps perdue dans un village au milieu de paysans, qu'il voulait pour sa fille une éducation qu'elle ne pourrait recevoir que dans un couvent à Paris et qu'il comptait l'emmener avec lui. Comme j'éclatais en sanglots, il m'assura que tous les ans Odette serait amenée une fois à Bénouville. Si ma fille part, je partirai aussi! m'écriai-je; Robert m'a fait comprendre que ma place était ici, et qu'il

3

ne voulait pas m'exposer à être mal accueillie par ce grand
monde qui, en parlant de moi, ne m'appelle jamais que la
petite marquise du moulin à vent. Et Robert me disait cela
le sourire aux lèvres; il m'a quittée pour faire ses derniers
préparatifs. Alors j'ai perdu la tête. Emportant Odette dans
mes bras, je suis venue chercher ici un refuge et des défen-
seurs, je ne veux pas qu'on me prenne mon enfant! je suis
une honnête femme, je suis une bonne mère et on n'a pas le
droit de me prendre mon enfant!

JEANNE.

Ton mari m'avait fait part de ce beau projet-là!

MARGUERITE.

Et vous ne m'aviez rien dit?

JEANNE, à part.

J'ai mieux fait que parler, j'ai agi!

SCÈNE V

Les Mêmes, CÉLÉNIE, puis ROBERT.

CÉLÉNIE, accourant.

Madame... madame... j'accours vous prévenir... faites
excuse... je suis un peu étouffée par la course...

JEANNE.

Que venais-tu dire à Marguerite?...

CÉLÉNIE.

Voilà... M. le marquis, en s'apercevant que madame avait
quitté le château avec mademoiselle Odette, s'est mis dans
une colère terrible.. il m'a ordonné de venir ici chercher
mademoiselle. Moi qui savais pourquoi madame était partie
si vite et en pleurant si fort, j'ai répondu à M. le marquis
qu'avant d'être domestique au château j'avais été servante à
la ferme et que pour rien au monde je ne voudrais faire de
peine à madame. Eh bien! j'irai moi-même, s'est-il écrié, et
il est parti, mais par le grand chemin; moi j'ai pris par le
sentier de la falaise, j'ai couru tout le temps et, Notre-Dame
aidant, je suis arrivée la première.

MARGUERITE.

Mon Dieu! que faire?...

JEANNE, avec calme.

Attendre ton mari.

MARGUERITE.

Il me prendra ma fille.

ODETTE.

Je ne veux pas quitter maman!

BAILLIF.

Devant nous il n'osera pas employer la violence.

JEANNE.

Ne te désole pas, Marguerite, si tu me vois calme, c'est que je ne désespère de rien.

LIBERGE.

Voilà M. le marquis.

SCÈNE VI

LES MÊMES, ROBERT.

(Il est pâle de colère, il entre le chapeau sur la tête, et sans faire attention à Jeanne et à Baillif, il va droit à Marguerite après avoir fait signe à Liberge et à Célénie de sortir.)

ROBERT.

On ne m'avait pas trompé! Du moment où vous vous mettiez en révolte contre ma volonté, c'est à la ferme de Valaine que vous deviez venir demander un appui et des conseils, mais je ne vous y laisserai pas, madame, et je...

BAILLIF, avec dignité.

Où donc Marguerite trouverait-elle des amis plus vrais et, vous-même, monsieur, où chercheriez-vous des cœurs plus dévoués. Quand vous vîntes au monde on désespérait de vous voir vivre; madame la marquise, dont le lait s'était tari et qui n'avait plus que son sang à vous donner, vint ici avec des larmes supplier ma fille Julie Martin d'être pour vous une seconde mère et Julie ne faisait bientôt plus de différence entre vous et Jeanne sa fille; plus tard, Jeanne elle-même vous sauva d'un danger de mort. Enfin, et comme s'il était dans la destinée de notre famille de vous venir toujours en aide, Marguerite a donné pour vous plus que sa vie, elle a donné son honneur! Oubliant tout cela, vous avez comme honte de venir chez nous, et aujourd'hui que la colère seule vous y ramène, vous entrez dans cette maison comme vous entrez dans votre chenil, le chapeau sur la tête et le fouet à la main! Monsieur le marquis, votre père me disait souvent qu'il y avait deux noblesses qui se devaient respect l'une à l'autre. La noblesse du nom et la noblesse de l'âge.

ROBERT, se découvrant.

J'ai eu tort de m'emporter devant vous, je le regrette, ne croyez pas que j'aie rien oublié du passé; mais Marguerite ne pouvait pas exiger que je m'enterrasse à jamais dans mon triste manoir de Bénouville. Pouvais-je renoncer à mes amis, à mes relations? Je ne crois pas avoir assez payé ma dette à Marguerite en lui donnant mon nom. Mais le monde m'accuse d'avoir exagéré ma reconnaissance et je ne veux pas exposer Marguerite aux froideurs et aux dédains de ce monde. Enfin, je dois me souvenir qu'Odette est une Bénouville, il faut à ma fille une éducation qui soit en rapport avec le rang qu'elle tiendra un jour.

JEANNE.

C'est juste!

ROBERT.

Personne ici ne peut lui donner cette éducation.

JEANNE.

C'est vrai!

ROBERT.

Vous voyez, Marguerite, votre mère est plus raisonnable que vous, elle est de mon avis.

JEANNE.

Tout à fait!

MARGUERITE.

Vous êtes contre moi, ma mère!

JEANNE.

Ne pleure donc pas, petite, j'ai trouvé le moyen de tout arranger, de vous mettre d'accord. Monsieur le marquis veut pour Odette une éducation de couvent. Eh bien! il y a des couvents partout. Je suis allée au plus près, à la maison des Ursulines d'Yvetot. J'ai demandé une jeune fille qui, élevée dans la communauté, fût en état d'instruire une petite marquise.

ROBERT.

Et vous allez me proposer une paysanne dégrossie.

JEANNE.

Du tout. La supérieure, en apprenant qu'il s'agissait de donner une maîtresse à mademoiselle de Bénouville, m'a choisi une jeune fille noble à trente-trois quartiers et que sa pauvreté seule retenait comme pensionnaire au couvent. Cette jeune demoiselle a si tout à fait l'air d'une princesse, que j'étais toute honteuse de la faire voyager dans ma carriole.

MARGUERITE.

Elle est donc ici.

JEANNE,

Mais oui, j'ai voulu l'amener moi-même et tout de suite.

MARGUERITE.

Oh! merci, ma mère! Robert, tout se concilie; en effet,
votre fille aura l'éducation que vous voulez pour elle et que
je ne puis lui donner, mais je garderai mon enfant.

ROBERT.

Encore faut-il que cette institutrice me convienne.

JEANNE.

Eh! tenez, elle a voulu s'attifer un brin avant d'aller au
château. La voilà. Voyez si on ne dirait pas d'une duchesse
qui se promènerait devant son moulin.

SCÈNE VII

Les Mêmes, HENRIETTE.

(Elle entre avec une dignité froide, sa toilette est simple et sévère.)

JEANNE.

Mademoiselle, vous n'aurez pas besoin d'aller jusqu'au
château pour connaître la famille de Bénouville. Voilà M. le
marquis, madame la marquise et la petite Odette.

ROBERT.

Vous vous destinez à l'éducation, mademoiselle?

HENRIETTE.

Il n'est pas d'autre carrière qui convienne à une personne
de ma condition.

ROBERT.

Vous êtes noble, mademoiselle?

HENRIETTE.

Oui, monsieur, M. le baron de Pardiac est mon frère.

ROBERT.

M. de Pardiac qui fut, il y a sept ans, compromis dans
une conspiration contre le Régent.

HENRIETTE.

Compromis avec vous, monsieur. Mon frère, qui n'avait pu,
comme vous, prouver sa présence ailleurs qu'à Rouen dans
la journée du 10 octobre 1719, mon frère dut se réfugier

en Angleterre où il est encore. Il m'avait envoyé pour vous
une lettre...

ROBERT.

Qui ne m'est pas parvenue.

HENRIETTE.

Je n'ai pas trouvé qu'il fût digne de nous qu'elle vous
parvint.

ROBERT.

Cette lettre me rappelait sans doute une promesse que je
n'ai pas oubliée et que je serai heureux de tenir !..

HENRIETTE.

Monsieur le marquis, une Pardiac ne peut rien devoir
qu'à elle-même. J'aurais refusé tout ce qui aurait paru vous
acquitter envers nous, mais j'ai dû accepter la position que
cette bonne dame est venue me proposer de prendre à Bénouville. Il s'agit, n'est-ce pas, d'élever cette jolie enfant, j'accepte cela, mais je le répète, j'aurais refusé toute autre
chose. (Allant à Marguerite.) Madame, je vous promets tout
mon zèle!

MARGUERITE.

Oh! vous serez la bienvenue sous notre toit et dès à pré
sent je suis votre obligée...

JEANNE, bas à Robert.

Quand je vous disais que c'était une princesse. La trou-
vez-vous assez grande dame pour apprendre à lire à Odette?

ROBERT, qui ne quitte pas Henriette du regard.

Oui. elle est noble! fière et belle! (A part.) Bien belle!

ODETTE, que sa mère a présentée à Henriette, s'échappe des bras de
celle-ci et va à son grand-père.

Grand-père, elle me fait peur, la dame !

BAILLIF, à part.

Et à moi aussi. Les enfants et les vieillards sentent par
instinct le bien et le mal; avec cette belle fille-là! c'est le
malheur qui entre chez nous !

FIN DU TROISIÈME TABLEAU

Quatrième Tableau

Une salle du château de Bénouville, un guéridon à gauche, un fauteuil à
côté, un canapé à droite.

SCÈNE PREMIÈRE

LIBERGE, CÉLÉNIE.

(Liberge nettoie son fusil. Célénie apporte un panier à ouvrage qu'elle
pose sur un guéridon.)

CÉLÉNIE.

Si madame veut venir travailler, voilà son panier à tapisserie ; vous n'êtes pas gêné, vous, de nettoyer votre fusil ici.

LIBERGE.

Je m'ennuyais dehors, au moins dans la maison j'avais
chance de vous trouver, et quand vous êtes avec moi, ça me
fait quelqu'un à qui je peux parler de la ferme (A part.) et
de ceux qui y sont.

CÉLÉNIE.

Quelle drôle d'idée qu'a donc eue comme ça madame Duchemin, de vous faire quitter le moulin, oùsque vous étiez
quasi-maître, pour vous placer comme garde-chasse au
château.

LIBERGE.

Voilà ; lorsque mademoiselle Marguerite s'est mariée, la
bourgeoise a voulu que vous quittissiez Valaine pour venir
à Bénouville afin que la jeune fille eût près d'elle une figure
de connaissance. Il y a trois mois, madame Duchemin m'a
ordonné de prendre provisoirement la place qu'Augustin
Barré laissait vacante au château, comme ça, qu'elle m'a dit,
vous serez deux près de Marguerite. J'ai obéi parce que j'o-
béis toujours à la bourgeoise, et puis parce qu'un garde-
chasse n'est pas un domestique. J'ai ma fierté comme un
autre, et je n'aurais pas voulu d'une livrée quand elle aurait
été brodée d'or et d'argent. Au lieu de pousser la charrue et

de veiller au moulin, je porte un fusil et je veille sur les lièvres et les perdreaux. C'est égal, je suis heureux ici comme le poisson sur le galet; ce qui me donne patience, c'est que madame Duchemin ne tardera point à me rappeler. je n'aurai que de bons rapports à lui faire sur ce qui s'est passé ici pendant son voyage à Gonneville, Montivilliers et Bolbec, oùs qu'elle est allée pour traiter de la vente de ses blés et de ses farines. (Bruit de voiture.)

CÉLÉNIE.

Ah! voilà une voiture qui entre dans le parc, c'est du monde qui nous arrive.

LIBERGE, qui a tressailli.

Non, ça n'est pas une voiture, c'est une carriole, ça n'est pas du monde, c'est la bourgeoise.

CÉLÉNIE.

Tiens, comment que vous avez vu ça?

LIBERGE, à part.

Je ne l'ai pas vu, je l'ai senti.

CÉLÉNIE, qui est allée voir.

Vous avez bien deviné, c'est madame Duchemin.

SCÈNE II

Les Mêmes, JEANNE.

JEANNE.

Moi-même, mes enfants; avant de rentrer à Valaine, j'ai fait faire un détour à Blanchette, j'avais soif de voir Marguerite.

CÉLÉNIE.

Je vais la prévenir de votre arrivée. (Elle sort.)

JEANNE, à Liberge.

V'là tout ce que tu me dis, toi, tu me boudes toujours, tu m'en veux de t'avoir pas gardé à la ferme. Tu n'y étais plus à ta place, mon garçon, et tu n'y reviendras que lorsque tu seras guéri de ta folie ou quand tu seras mon mari.

LIBERGE.

Oh! voilà une bonne parole.

JEANNE.

Ne la prends pas pour plus qu'elle ne vaut; je te l'ai dit: quand je n'aurai plus à me tourmenter pour Marguerite...

Je m'occuperai peut-être de toi. Voyons, comment ça se
gouverne-t-il au château? Toujours bien?

LIBERGE.

De mieux en mieux... Vous savez que depuis trois mois,
monsieur le marquis n'a pas fait un seul voyage à Paris, à
peine s'il sort pour chasser, il est charmant avec sa femme,
avec tout le monde. Oh! vous n'avez plus que faire de vous
tracasser à propos de la marquise. Elle est heureuse à faire
plaisir.

JEANNE.

Bien vrai?

LIBERGE.

Demandez-le-lui à elle même; à c't'heure vous ne me lais-
serez pas ici.

JEANNE.

T'as bien attendu huit ans, tu peux bien attendre encore.

LIBERGE.

Huit jours, mais pas plus.

JEANNE.

Je ne m'engage à rien, je te reverrai quand j'aurai causé
avec Marguerite. (Elle lui tend la main, il veut la baiser, mais Jeanne
lui donne un petit soufflet en riant.) Eh bien !

LIBERGE, se frottant la joue, à part.

V'là la première caresse qu'elle me fait, (Soupirant.) mais
elle n'a pas tapé assez fort. (Il sort à droite, Marguerite entre à gauche.)

SCÈNE III

JEANNE, MARGUERITE.

MARGUERITE.

Bonjour, mère !

JEANNE, lui prenant les deux mains.

Laisse-moi te regarder avant de t'embrasser; à la bonne
heure, te voilà toute rose et toute rieuse. C'est donc bien vrai,
mignonne, que tu es contente? (Elle l'embrasse.)

MARGUERITE.

Oh! je n'ai plus rien à souhaiter. Odette ne me quittera
pas, je n'ai jamais gardé Robert aussi longtemps à Bénouville, il ne parle même pas de me quitter. Et c'est à vous,
mère, à vous que je dois ce bonheur que je n'espérais plus.

JEANNE.

À moi ?

MARGUERITE.

N'est-ce pas vous qui avez amené ici Henriette?

JEANNE.

Quelle part cette demoiselle a-t-elle à ton contentement?

MARGUERITE.

C'est elle qui m'aide à charmer pour Robert la solitude de
ce vilain château. Il n'y a vraiment pas moyen de s'ennuyer
avec elle, elle est aussi aimable, aussi gracieuse qu'elle est
belle; puis elle sait tout, le dessin, la musique; aussi
Robert et moi nous restons des heures à l'écouter; c'est une
véritable fée que mademoiselle de Pardiac, et Robert ne
paiera jamais assez la félicité qu'elle a ramenée chez
nous.

JEANNE.

Ton mari n'était-il pas déjà l'obligé du frère de mademoiselle Henriette.

MARGUERITE.

Oui, Robert a employé son crédit à la cour pour obtenir
du roi grâce entière pour monsieur de Pardiac qui a pu revenir enfin d'exil. Robert est allé au-devant de lui jusqu'au
Havre et l'amènera ici.

JEANNE.

Allons, tout est bien, j'aurai eu raison et le grand-père aura
eu tort... Heureusement; j'espère que je vas pouvoir lui re-
tirer de l'esprit les mauvaises idées qui lui étaient venues à
propos de...

MARGUERITE.

De qui donc?

SCÈNE IV

Les Mêmes, HENRIETTE, ODETTE.

ODETTE, courant à Jeanne.

J'étais bien sûre que bonne maman Jeanne était ici,
j'avais reconnu Blanchette.

JEANNE.

Bonjour, chérie, je te trouve grandie depuis quinze jours,
et grandissons-nous en savoir ?

MARGUERITE, à Henriette.

Ma pauvre fille n'a pas beaucoup de facilité, n'est-ce pas? elle est comme sa mère.

HENRIETTE.

Je vous assure, madame, que cette chère enfant mérite tous les soins que je lui donne.

ODETTE, bas à Henriette.

Laissez-les dire, je les surprendrai bien quand elles verront que je lis couramment dans l'écriture.

MARGUERITE, embrassant Odette.

Odette aime mademoiselle de Pardiac, tu m'aideras ainsi à lui prouver toute ma reconnaissance; c'est grâce à elle, chère petite, que j'ai pu te garder près de moi.

JEANNE, à Henriette.

. J'ai donc eu une bonne idée d'aller vous chercher. (A Marguerite.) Quand ton mari revient-il?

MARGUERITE.

Demain, je crois.

ODETTE.

Il reviendra aujourd'hui. (A Henriette.) N'est-ce pas, mademoiselle, qu'il y avait ça dans la lettre.

JEANNE.

Quelle lettre?

MARGUERITE, étonnée.

Robert vous a écrit?

HENRIETTE, vivement.

Non... Ce ne pourrait être à moi que monsieur de Bénouville aurait annoncé son retour. La lettre était de mon frère.

ROBERT, à la cantonnade.

Mademoiselle de Pardiac est au salon, très-bien.

ODETTE.

J'entends la voix de papa.

JEANNE.

Allons, j'aurai vu tout le monde avant de rentrer à Valaine.

SCÈNE V

LES MÊMES, ROBERT, PARDIAC.

MARGUERITE, voyant entrer Robert.

Robert!

ROBERT, après avoir salué Henriette.

Marguerite, je vous présente monsieur de Pardiac, un ancien ami.

PARDIAC.

Je ne suis pas tout à fait un étranger pour madame la marquise. Pour ma part, je n'ai oublié ni la charmante filleule, ni la bonne et franche personne qui vous appelait son frérot et venait vous inviter à la noce d'un marié de quatre-vingt-cinq ans.

JEANNE.

Vous avez de la mémoire, monsieur.

PARDIAC.

Il y a des souvenirs qu'on se plaît à garder. Maintenant, mesdames, permettez-moi d'embrasser cette chère sœur que je n'ai pas vue depuis huit ans. Après un si long séjour à l'étranger j'avais bien des affaires à régler en France, mais Robert était encore plus impatient que moi d'être à Bénouville... Nous avons brûlé la route et nous voilà.

MARGUERITE.

Je n'attendais mon mari que demain et j'aurais eu peut-être le chagrin de n'être pas là pour vous recevoir, si nous n'avions été prévenus par votre lettre.

PARDIAC, surpris.

Ma lettre?

HENRIETTE, vivement.

Oui... celle que vous m'avez écrite du Havre.

ROBERT, vivement aussi.

Odette, viens donc m'embrasser, ma mignonne.

ODETTE.

Je suis bien contente de te voir... m'apportes-tu de beaux joujoux.

ROBERT.

Ma foi, chère enfant, j'avoue...

JEANNE.

Oh! le vilain père qui oublie sa fille! mais Odette a une bonne maman qui pense toujours à elle. J'ai dans ma carriole tout ce que j'ai trouvé de plus beau à la foire de Montivilliers. Le blé s'est bien vendu et je me suis dit : Odette aura sa part des bénéfices.

PARDIAC.

Comment, madame, vous vendez encore du blé?

JEANNE.

Et de la farine aussi. Quand monsieur le marquis a épousé Marguerite, il avait voulu nous donner des rentes, au grand-père et à moi, et nous faire quitter la ferme. Nous avons refusé. D'abord je ne pourrais pas vivre sans travailler. Marguerite, qui était toute jeune, a pu prendre des petits airs de belle dame, et jarni-dà elle ne fait déshonneur ni à son mari, ni à son marquisat. Mais moi, monsieur, je serais à mon aise dans un salon... comme une poule dans ma grande mare. A chacun sa place. La mienne était au moulin, dans les champs, sous le soleil. Là, j'use utilement les forces que le bon Dieu m'a données et si monsieur le marquis n'a pas voulu de dot pour Marguerite, il faudra bien qu'il me laisse arrondir celle de ma petite Odette. Tous les écus se valent quand ils sont de bon aloi et l'argent de la ferme pèsera aussi lourd que l'argent du château.

ROBERT, à Marguerite qui s'est mise à travailler.

Marguerite, vous m'aiderez à donner à monsieur de Pardiac une hospitalité toute fraternelle ; on l'a puni seul pour un crime où j'étais son complice. Pardiac et sa sœur ont noblement supporté la misère plutôt que de réclamer l'exécution d'une parole engagée, et cette parole mettait ma fortune à leur disposition.

JEANNE.

Voilà qui est à l'honneur de tous les deux.

PARDIAC.

J'ai fait en Angleterre, par nécessité, ce que vous, madame, vous faites par vocation, j'ai travaillé. J'avais jadis étudié la chimie ; à Londres, je me suis mis à faire de la médecine.

ODETTE.

Bonne maman, allons chercher les joujoux qui sont dans ta carriole.

MARGUERITE, se levant.

C'est cela, va avec ta bonne maman (A Pardiac.) Robert et moi nous allons nous occuper de votre installation, monsieur, nous vous laissons avec votre sœur que nous aimons tous et qui est vraiment le bon ange de notre maison.

JEANNE, à part.

Décidément, je crois que tout ce monde-là est heureux et que je peux penser à...

ODETTE.

Allons voir les joujoux.

JEANNE.

Viens, ma chérie.

(Jeanne et Odette sortent d'un côté, Robert et Marguerite de l'autre

SCÈNE VI

PARDIAC, HENRIETTE, puis CÉLÉNIE.

PARDIAC, s'asseyant et regardant Henriette.

Ma chère Henriette, Robert n'avait rien exagéré, tu es véritablement adorable.

HENRIETTE.

Ah! mon ami, je désirais bien ardemment votre arrivée.

PARDIAC.

C'est d'une bonne sœur, et pourtant tu as pu me croire un frère oublieux, indifférent... tandis que là-bas je ne pensais qu'à toi.. qu'à ta fortune...(A part.) qui sera un peu la mienne.

HENRIETTE.

Je vous ai écrit à Londres pour vous appeler à mon aide.

PARDIAC.

Oui, et tes épîtres m'intéressaient fort.

HENRIETTE.

Vous avez compris que je ne peux rester ici plus longtemps, vous venez me chercher pour me ramener au couvent.

PARDIAC.

Allons donc... je compte bien faire de mademoiselle de Pardiac mieux qu'une ursuline.

HENRIETTE.

Vous ne savez pas jusqu'où va la passion de M. de Bénouville.

PARDIAC.

Elle va jusqu'au délire, n'est-ce pas ? ça ne m'étonne plus.

HENRIETTE.

Cette passion m'épouvante... Dans sa dernière lettre, plus insensée que toutes les autres, M. de Bénouville m'offre de tout quitter pour moi. Je n'ai pu, je l'avoue, voir sans en être touchée, l'amour de Robert, mais je vous réponds de moi, frère, je ne serai jamais la maîtresse de M. de Bénouville.

PARDIAC, à mi-voix.

Tu ne refuserais pas d'être sa femme.

HENRIETTE.

Sa femme !.. Vous ne parlez pas sérieusement.

PARDIAC.

La cour de Rome a brisé des nœuds bien autrement solides que ceux qui unissent Robert à cette petite paysanne. Ce mariage ridicule sera facilement cassé, M. de Bénouville. a, je crois, un oncle cardinal. Donne-moi la lettre de Robert ?

HENRIETTE

Quelle lettre ?

PARDIAC.

Celle qu'il t'a écrite du Havre et qu'à ce qu'il paraît on ne t'avait pas remise assez mystérieusement ; c'est heureux que j'aie compris tout de suite qu'il fallait que cette lettre fût de moi...

HENRIETTE.

Je n'ai pas eu le temps de la brûler comme j'ai fait des autres.

PARDIAC, prenant la lettre.

Tant mieux !

HENRIETTE.

Prenez garde !

CÉLÉNIE, suivie d'un domestique portant deux cartons.

Mademoiselle... Joseph apporte pour vous ces cartons.

PARDIAC.

Ils renferment des étoffes anglaises, que j'ai rapportées pour toi de Londres... je souhaite qu'elles te plaisent, chère sœur.

HENRIETTE.

Venez, Célénie, nous allons ouvrir ces cartons chez moi. (Bas à Pardiac) Brûlez la lettre.

SCÈNE VII

PARDIAC.

(Il lit des yeux la lettre de Robert.)

Ah ! voilà un très-beau feu que nous ne laisserons pas éteindre. Il ne fallait pas moins que cette passion romanesque pour me tirer de l'abîme. Robert, qui a usé de tout son crédit pour me faire rentrer en France, Robert ne sait pas que j'étais plus en sûreté à Londres que je ne vais l'être à Paris... On me fait remise de la peine prononcée contre moi

il y a sept ans, c'est très-bien ; mais, hélas ! mes créanciers
ne me feront pas remise de deux ou trois cent mille pistoles que je dois, sans compter les intérêts... A quel ami demander une pareille somme ?... M. de Bénouville l'offrirait de
lui-même pour sauver l'honneur de son beau-frère ; il faut
donc qu'Henriette soit marquise de Bénouville.

SCÈNE VIII

PARDIAC, ROBERT.

ROBERT.

Mon ami, j'ai fait disposer pour toi un appartement dans
le pavillon habité par mademoiselle de Pardiac et je...

PARDIAC, gravement.

Mon cher marquis, je vous suis profondément reconnaissant de ce que vous avez fait pour moi. Vous m'avez rendu
une patrie... Je ne veux me souvenir, je ne veux vous parler que de ce qui me fait votre obligé... mais vous me per-
mettrez de ne pas accepter l'hospitalité que vous m'offrez,
je ne peux pas laisser plus longtemps ma sœur à Bénouville.

ROBERT.

Tu sais donc que j'aime Henriette ?

PARDIAC.

Ma sœur devait tout me dire et m'a tout dit.

ROBERT.

T'a-t-elle dit que mon amour était ma vie ?

PARDIAC.

Nous avons tous écrit ou prononcé dix fois cette belle
phrase-là.

ROBERT.

Pardiac, j'ai quarante ans et j'étais arrivé à cet âge sans
avoir aimé véritablement. J'ai eu vingt maîtresses, j'ai oublié jusqu'à leurs noms.

PARDIAC.

Tu as aimé ta femme au moins.

ROBERT.

Ma femme ! En épousant Marguerite j'ai voulu acquitter
une dette... voilà tout... Un mois après mon mariage je me
repentais d'avoir cédé à un mouvement de reconnaissance
exagérée... Marguerite m'avait sauvé, sans doute, mais je
pouvais payer ce qu'elle avait fait pour moi au prix d'une
fortune, je l'ai payé au prix de mon bonheur... Pour ca-

cher à Marguerite ce qui se passait en moi, je fuyais sa naïve tendresse, j'allais chercher dans le bruit et les plaisirs de Paris ou de Versailles l'oubli de ma chaîne, ma fille seule me ramenait parfois à Bénouville, elle exceptée, tout ici m'était insupportable, odieux; ta sœur apparut un jour... en moi, autour de moi tout fut transformé, ce château qui était un enfer devint un lieu de délices... La femme que j'avais rêvée, que je croyais n'exister que dans mes rêves, cette femme s'était tout à coup révélée. Je croyais mon cœur mort, il n'était qu'endormi... A vingt ans l'amour peut n'être qu'une flamme brillante, éphémère, qu'un obstacle arrête... à quarante, c'est un feu irrésistible et que rien ne peut étouffer... dis-moi maintenant que mon amour est sans avenir, qu'il est insensé, qu'il est coupable, à ta froide raison je n'ai rien à répondre, si ce n'est que j'aime... j'aime...

PARDIAC.

Soit, ton amour pour Henriette est profond, sincère, je veux le croire, et si, par malheur, Henriette partageait cet amour, ne devrais-je pas mettre tout un monde entre vous deux?

ROBERT.

Henriette m'aime... oh! je le sais; je n'ai pu arracher de ses lèvres l'aveu que je sollicitais à deux genoux... mais j'ai lu dans ses yeux, dans son trouble... elle m'aime, te dis-je, et nulle puissance humaine ne peut plus nous séparer.

PARDIAC.

Dis plutôt que nulle puissance humaine ne peut vous réunir... Que ton mariage avec mademoiselle Duchemin ait été une folie, qu'il soit aujourd'hui un malheur, ce mariage n'en existe pas moins, et je ne sais guère que le pape qui puisse le briser.

ROBERT.

Oh! j'y ai déjà songé... mon oncle le cardinal, qui ne m'a pas encore pardonné cette mésalliance, mon oncle me viendrait certainement en aide et emploierait pour moi tout son crédit à la cour de Rome.

PARDIAC.

Fais-toi libre, Robert, et alors, si vraiment Henriette t'aime...

ROBERT.

Libre... être libre... oh! pour cela je donnerais la moitié de mon sang.

PARDIAC.

Tu crains l'éclat, le scandale...

4

ROBERT.

Non, je crains la douleur de Marguerite, de Marguerite
qui est la mère de mon enfant, de Marguerite dont la douceur et la confiance me laissent sans force contre elle...
j'aurais du courage pour soutenir une lutte, je n'en ai pas
pour frapper une pauvre victime qui ne saurait pas se défendre.

PARDIAC.

Oh! je comprends tout cela! Tu dois la vie à Marguerite... tu es à elle comme elle est à toi... oublie donc un
rêve impossible, laisse-moi partir, et partir plutôt aujour-
d'hui que demain.

ROBERT.

Non... non, aie pitié de moi... voyons, tu sais que je ne
suis pas un lâche séducteur, tu sais que l'honneur d'Henriette n'a rien à redouter même de mon délire... on respecte
l'idole qu'on adore... accorde-moi quelques jours, ne me
désespère pas... j'écrirai à mon oncle... et quand je serai
certain de son appui... alors, je parlerai, j'agirai.. Tu attendras, n'est-ce pas? tu attendras.

PARDIAC.

Vas écrire au cardinal.

ROBERT, l'embrassant.

Oh! merci, frère, merci!

(Il sort.)

SCÈNE IX

PARDIAC.

Le courage lui manquera, il reculera devant la douce
tendresse de Marguerite, de Marguerite, qui, naïvement con-
fiante, n'a que des caresses pour Robert qu'elle ne sait
pas infidèle, de bonnes paroles pour Henriette qu'elle ne
sait pas sa rivale; mais si la petite marquise devenait jalouse, la brebis se transformerait en lionne peut-être... elle
commencerait cette lutte que Robert n'ose pas entamer;
Robert plaint Marguerite à présent et il hésite, il la
détesterait alors et il agirait; il faut que Marguerite
soit jalouse, il faut qu'elle sache tout... et cette lettre de
Robert ne lui laissera rien ignorer... Il est heureux..,
qu'Henriette n'ait pas eu le temps de brûler cette tendre
épitre... Voyons, c'est à cette place que Marguerite travaillait
tantôt, c'est dans ce panier qu'elle a rangé sa tapisserie (il
met la lettre dans le panier à tapisserie.) Voilà qui va faire éclater

la foudre, mais je suis là pour la diriger... On vient, c'est
Marguerite, il faut qu'elle soit seule quand elle trouvera
cette lettre.

(Il sort à droite.)

SCÈNE X

MARGUERITE, ODETTE, venant de gauche.

MARGUERITE.

Chère petite, voici l'heure de ta leçon.

ODETTE.

Aussi après avoir porté mes joujoux dans ma chambre,
j'ai laissé bonne maman en grande conversation avec Liberge
et je suis venue vite t'embrasser avant d'aller trouver mademoiselle... je ne veux pas faire attendre papa.

MARGUERITE.

Ton père !

ODETTE.

Je suis bien sûre qu'il est déjà arrivé pour me voir
prendre ma leçon. Il est gentil, papa, il ne veut pas qu'on
me fasse étudier trop longtemps... Quand j'ai lu un quart
d'heure avec mademoiselle, il m'embrasse, et il me dit : Va
jouer, mignonne, aussi je l'aime bien papa, (Revenant.) mais
pas plus que toi... entends-tu, petite mère, pas plus que toi.
(Odette sort en envoyant des baisers à sa mère qui est restée pensive.)

SCÈNE XI

MARGUERITE.

Je ne savais pas que Robert assistait aux leçons d'Odette,
il aime tant sa fille. (Avec un soupir et allant s'asseoir à la table à
ouvrage.) Ah ! j'aurais voulu savoir ce que sait mademoiselle
de Pardiac... je n'aurais pas eu besoin d'une étrangère
pour... Allons, voilà que je deviens injuste et ingrate envers
cette bonne Henriette. (Elle ouvre son panier.) Qu'est-ce que
cela... une lettre... l'écriture de Robert... Comment cette
lettre se trouve-t-elle là et à qui est-elle adressée... L'enveloppe en a été déchirée. (Lisant) « Je ne vis plus depuis que
» je vous ai quittée, je compte les heures, les minutes, mon
» cœur s'élance vers vous. » (Parlant) A qui Robert peut-il
écrire ainsi ? « Pour tromper mon impatience je vous écris,
» ô ma bien-aimée, mon premier, mon seul amour... »
(Parlant) Robert aime une autre femme... et cette femme

habite le château... cette femme, c'est Henriette. (Lisant des yeux.) Oui, oui... Oh ! je ne puis plus douter maintenant... ils s'aiment !... comme ils me trompaient tous les deux... oh ! je la chasserai, cette femme... qui m'a pris le cœur de Robert !... oui, je la chasserai. (Reprenant la lettre.) « Que parlez-» vous de devoirs, que parlez-vous d'obstacles, ces devoirs » je les déteste, ces obstacles je les renverserai. Si Margue-» rite découvrait notre amour... si elle venait se placer en-» tre nous, elle briserait elle-même le faible lien qui me » retient encore... je partirais avec vous, avec Odette, j'em-» porterais mes deux bonheurs ! »... Il m'enlèverait ma fille ! non ! non ! on ne me la prendra pas !

SCÈNE XII

MARGUERITE, JEANNE.

(Marguerite en apercevant sa mère cache vivement dans son corsage la lettre de Robert. Jeanne a vu ce mouvement.)

JEANNE.

Je ne te dérange pas trop, Marguerite.

MARGUERITE, affectant de sourire.

Non, non... mère !

JEANNE, à elle-même.

Allons... cette fois j'ai promis et une honnête femme n'a que sa parole... (Haut.) Je ne puis pas repartir pour Valaine avant d'avoir causé avec toi et rien qu'à nous deux.

MARGUERITE, avec contrainte.

Je vous écoute.

JEANNE.

C'est bien vrai, n'est-ce pas, que tu n'as plus de chagrin...

MARGUERITE.

Non ! non !... (A part.) Pauvre mère ! si elle savait !

JEANNE, hésitant.

Alors... alors j'ai quelque chose à t'avouer... quelque chose à te demander, mais je ne sais par où commencer.

MARGUERITE, à part.

Ils sont ensemble ! ils se parlent d'amour... oh ! les infâmes !

JEANNE.

Vrai... je n'étais pas si gênée que je le suis quand autrefois je vins dire à feue ma mère : mère, Jérôme Duchemin me recherche, il me trouve bien, je ne le trouve pas mal, voulez-vous nous permettre de nous marier? Tu ne comprends pas, tu ne devines pas où je veux en venir, ça ne m'étonne pas... la chose est si absurde, si ridicule... que décidément je ne te la dirais pas... si je n'avais pas engagé ma parole à Liberge; ah! mais si ça te cause de la peine, il n'y aura rien de fait... Enfin, ce que j'ai à te demander, ma fille, c'est... c'est la permission de me remarier.

MARGUERITE.

Vous?

JEANNE.

Oh! l'idée ne m'en serait jamais venue, n'avais-je pas à aimer le grand-père, toi et notre petit trésor d'Odette, je ne pensais qu'à vous... mais Liberge s'est épris d'un bon amour pour moi, il y a huit ans que ça le tient, huit ans que ça lui dure et je ne m'en doutais seulement pas. Comprends-tu ça? Liberge s'est déclaré à la fin, d'abord l'amour de Liberge m'a fait rire, mais il m'aime si bravement, si loyalement. Puis le grand-père dit qu'il faut un homme dans une maison. Bref, j'en suis arrivée à répondre aujourd'hui une bonne fois oui ou non. Si la chose ne te fâche pas, ma chérie, je partirai avec le grand-père pour ma ferme de Vattot, dans ce petit pays perdu je me marierai sans que personne s'en doute et je reviendrai avec Liberge quand il sera trop tard pour qu'on se moque de nous.

MARGUERITE.

Vous voulez me quitter, (Laissant éclater ses sanglots.) mais je n'ai plus que vous, mère... oh! ne m'abandonnez pas... vous me demandiez tout à l'heure si j'étais heureuse... mon cœur est brisé, et je souffre tant que je voudrais mourir!

JEANNE.

Mourir, toi, Marguerite!

MARGUERITE.

De l'air... de l'air... j'étouffe... j'étouffe!...

JEANNE.

Elle se trouve mal... du secours, seigneur Dieu! du secours! (Appelant.) Célénie! Liberge!

SCÈNE XIII

Les Mêmes, LIBERGE, puis CÉLÉNIE.

LIBERGE, entrant en courant.

Voilà... voilà... tout est arrangé, la marquise a dit oui!...

JEANNE.

Ma fille se meurt... Liberge.

CÉLÉNIE.

Qu'est-il donc arrivé à madame?

JEANNE.

Célénie, aide-moi à la soulever et à la ramener dans sa chambre.

(Jeanne et Célénie entraînent Marguerite.)

LIBERGE, seul un moment.

Voilà encore mon mariage renvoyé à la semaine des trois jeudis! qu'est-ce qui a pu mettre Marguerite dans cet état-là? Enfin qu'est-ce que ça peut lui faire que j'épouse la bourgeoise? Ah! si ça manque de ce coup-ci, je saurai s'il y a vraiment trois cents pieds de la falaise à la mer.

SCÈNE XIV

LIBERGE, ODETTE, puis JEANNE.

ODETTE, entre.

Ma leçon a encore été plus courte que les autres fois, papa m'a renvoyée tout de suite, je suis peut-être assez savante... Tiens voilà Liberge... bonjour, Liberge.

LIBERGE.

Bonjour, mademoiselle la marquise.

ODETTE.

Ah! je suis bien contente de te rencontrer.

LIBERGE.

Vous êtes bien polie, mademoiselle.

ODETTE.

Je vais te dire ma fable... je l'avais apprise pour la réciter à papa... il n'a pas voulu l'écouter, ça va t'amuser.

LIBERGE.

Non, merci, je ne m'y connais pas.

ODETTE.

Je te dis que ça va t'amuser.

LIBERGE.

Mais, mademoiselle la marquise... c'est que j'ai affaire...

ODETTE.

Reste, je le veux.

LIBERGE.

Ah! du moment que vous le voulez!... ça m'amusera.

ODETTE.

Écoute un peu.

La cigale ayant chanté
Tout l'été,

Ah! voilà que je ne sais plus.

LIBERGE.

Ah! bien, alors...

ODETTE.

Reste; ça va me revenir.

LIBERGE.

Vous croyez?

ODETTE.

La cigale ayant chanté
Tout l'été,

LIBERGE.

Ça ne revient pas!

ODETTE.

Qu'est-ce qu'elle a pu faire l'hiver?

LIBERGE.

Elle s'est chauffée. (Allant à Jeanne qui entre.) Eh bien, la bourgeoise?

JEANNE.

Eh bien, je suis toute bouleversée. Quand Marguerite s'est ranimée, elle s'est mise à pleurer à grosses larmes, à tout ce que je lui demandais elle ne répondait rien... Seulement, au milieu de ses sanglots, je l'ai entendue appeler Robert, mademoiselle Henriette; il faut aller vite les chercher.

LIBERGE.

J'y cours, la bourgeoise... Ne vous tourmentez pas, mademoiselle Marguerite est une grande dame à c't'heure et les grandes dames ça a des nerfs.

(Liberge sort. Odette, assise sur un grand fauteuil et tout occupée de sa fable, n'a rien entendu de ce qui s'est dit entre Jeanne et Liberge.)

SCÈNE XV

JEANNE, ODETTE.

JEANNE.

Marguerite si vraiment joyeuse tout à l'heure, Marguerite se désole et veut mourir. Qu'est-il donc arrivé depuis tantôt?

ODETTE, à elle-même.

Ah! voilà!

> La cigale ayant chanté
> Tout l'été,
> Se trouva fort dépourvue,
> Quand la bise fut venue.

JEANNE.

Cette lettre qu'elle avait cachée quand je suis entrée tout à l'heure et qui vient de tomber de son corsage pendant que Célénie la dégrafait... Oui, c'est cette lettre qui est cause de son chagrin.

ODETTE, se levant.

Qu'est-ce qui a du chagrin?

JEANNE.

C'est ta petite maman.

ODETTE.

Et pourquoi?

JEANNE.

Cette lettre me le dirait si je savais lire.

ODETTE.

Bonne maman, si tu veux, je te la lirai, ta lettre?

JEANNE.

Toi?

ODETTE.

Oui, je lis couramment l'écriture, donne, tu vas voir.

JEANNE.

O chère petite, quand nous saurons ce qui afflige ta mère, nous pourrons mieux la consoler. (s'asseyant et prenant Odette sur ses genoux.) Dis-moi vite ce qu'il y a là-dedans.

ODETTE.

Je lis bien, bonne maman, mais je ne lis pas vite! (Elle prend la lettre.) Oh! c'est papa qui a écrit ça, tiens, voilà nos

armes, je les connais à présent, un beau lion avec une cou-
-ronne et trois petits oiseaux.

JEANNE.

Lis donc.

ODETTE, lisant.

« Je ne vis plus depuis que je vous ai quittée, je compte
» les heures, les minutes. » (Parlant.) C'est à maman qu'il
écrivait cela.

JEANNE.

Continue.

ODETTE.

Il y a là des mots qui sont effacés.

JEANNE, regardant.

Oui... par les larmes de Marguerite.

ODETTE, lisant.

« Que parlez-vous de devoirs : que parlez-vous d'obsta-
» cles. Ces devoirs, je les déteste, ces obstacles je les ren-
» verserai. »

JEANNE.

Ce n'est pas à Marguerite que Robert peut écrire ça, c'est
à une autre... à une autre qu'il aime... Oh ! je la connaîtrai
celle qui fait pleurer ma fille, celle qui la fera mourir de
jalousie... Son nom doit être là.

ODETTE.

Qu'est-ce que tu as donc ?

JEANNE.

Son nom, il me faut son nom, achève, mon enfant, achève.

ODETTE, lisant.

« Si Marguerite découvrait notre amour. »

JEANNE.

Plus de doute.

(Ici Henriette paraît au fond et s'arrête pour écouter.)

ODETTE.

« Si elle se plaçait entre nous, elle briserait elle-même
» le... »

HENRIETTE.

Ah !... (Instinctivement elle s'élance et arrache la lettre des mains
d'Odette.) Où avez-vous pris cette lettre ?

JEANNE, se levant.

Ah ! je sais à présent à qui elle était adressée.

HENRIETTE, à part.

Imprudente! qu'ai-je fait?

JEANNE.

Va retrouver ta mère, Odette, va...

ODETTE, bas à Henriette.

Mademoiselle, j'ai très-bien lu.

Elle sort

SCÈNE XVI

JEANNE, HENRIETTE.

JEANNE.

C'est à vous que Robert écrivait cette lettre?

HENRIETTE.

Je ne sais pas mentir, madame, c'est à moi.

JEANNE.

Vous ne savez pas mentir... Qu'est-ce que vous faites donc ici depuis trois mois... Vous trompiez ma fille... vous la voliez... oui, vous la voliez... On pendrait une pauvre servante qui pour donner du pain à son vieux père déroberait un écu, et quand je vous accuse d'avoir pris à une honnête femme le cœur de son mari, son premier bien, son plus cher trésor, vous dites insolemment... oui, c'est moi.

HENRIETTE.

Madame, je pardonne à votre égarement, mais je...

JEANNE.

Elle me pardonne, elle a osé me dire qu'elle me pardonne... Ah çà! vous croyez donc, parce que vous avez des griffons dans vos armes, qu'on n'aura le droit ni de vous dire votre fait, ni de vous punir? Mort de ma vie! si une femme m'était venue prendre mon mari, je crois que je l'aurais tuée! Oh! c'est que, voyez-vous, nous tenons pour bons, nous autres, les serments qu'on nous fait. Vous avez pensé, vous et Robert, que Marguerite faible et douce se laisserait mourir de chagrin et que vous vous donneriez la main au-dessus de sa fosse; mais si la pauvre Marguerite ne s'en prend qu'à ses yeux et à son cœur, moi, sa mère, moi, qui suis restée rude et brutale comme les ailes de mon moulin, je m'en prendrai à vous, vipère, je ne vous laisserai pas tuer mon enfant à petit feu!... Vous sortirez aujourd'hui, tout à l'heure, par cette porte que je vous ai ouverte pour notre malheur à tous.

HENRIETTE.

Madame, me croyant coupable vous avez le droit de me maudire, je ne vous reconnais pas le droit de m'insulter.

JEANNE.

Je ne veux pas que Marguerite vous retrouve chez elle, allez-vous sortir?

HENRIETTE.

Jamais par votre ordre.

JEANNE.

Vous sortirez de gré ou de force, et si vous appelez, si on vient, je dirai tout haut, à tout le monde : c'est le crime, c'est la honte que je jette hors de la maison. (Robert paraît au fond.)

HENRIETTE, l'apercevant.

À défaut de mon frère, M. de Bénouville me protègera me défendra.

SCÈNE XVII

Les Mêmes, ROBERT.

JEANNE.

Vous protéger, lui! il ne l'osera pas.

ROBERT.

Que se passe-t-il?

JEANNE.

Robert, quand je vous ai donné ma fille, qu'est-ce que vous m'avez promis, qu'est-ce que vous avez juré à l'église? de vous comporter en honnête homme vis-à-vis de celle que vous reconnaissiez pour une honnête fille. Eh bien ! vous m'avez menti à moi sa mère, vous avez menti à Dieu, sous votre toit, sous les yeux de votre femme... vous avez une maîtresse.

ROBERT.

C'est une calomnie!.. Taisez-vous, Jeanne, taisez-vous!

JEANNE.

Cette lettre a tout appris à Marguerite, elle ne m'a rien avoué, la pauvre chère fille, elle gardait pour elle sa douleur, dût-elle en mourir; le hasard m'a fait découvrir ce que Marguerite me cachait, et j'ai fait ce que madame de Bénouville aurait dû faire, j'ai chassé cette créature.

ROBERT.

Vous oubliez que vous êtes chez moi.

JEANNE.

Je me souviens que je suis chez ma fille.

ROBERT.

Je vous prouverai, Jeanne, que je suis le seul maître ici, il me plaît que mademoiselle de Pardiac reste au château et elle y restera, qu'elle y soit respectée, et on la respectera.

JEANNE.

Oui-dà, alors moi j'emmènerai ma fille. Marguerite, Marguerite!

SCÈNE XVIII

Les Mêmes, MARGUERITE, ODETTE.

(Marguerite, couverte d'un peignoir blanc et se soutenant à peine, paraît avec Odette.)

JEANNE.

Marguerite, viens donc dire à Robert qu'entre cette femme et toi il faut qu'il choisisse; dis-lui donc que si cette femme ne part pas, tu partiras.

ROBERT, avec colère.

Osez dire cela, Marguerite, osez-le!

JEANNE.

Ah! viens, Marguerite, ces gens-là te tueront... viens.

ODETTE, entre et court à sa mère.

Maman!

MARGUERITE, embrassant Odette.

Non! je suis mère! je reste.

FIN DU QUATRIÈME TABLEAU

Cinquième Tableau

Un salon du château.

SCÈNE PREMIÈRE

PARDIAC, IZET, ils sont assis tous deux.

IZET.

Comment, monsieur, vous avez réellement fait de la mede-cine ?

PARDIAC.

Oh ! en amateur et à l'étranger. Je vous le répète, docteur, j'étais un peu chimiste et voilà tout ! pourtant il m'a suffi d'examiner quelques instants madame de Bénouville qui s'était traînée jusqu'à la chapelle, pour comprendre que son état était grave.

IZET.

La marquise a tout à l'heure refusé de recevoir le médecin ; j'ai insisté et elle n'a pas voulu fermer sa porte à l'ami, j'ai été vraiment effrayé du changement qui s'est si vite opéré en elle. Que s'est-il donc passé ici ?

PARDIAC.

Une querelle de famille.

IZET.

Cette querelle a dû être bien violente, car Jeanne elle-même en a été cruellement affectée.

PARDIAC.

Vraiment ?

IZET.

En rentrant à la ferme, elle a eu comme un transport au cerveau qui m'a fait craindre sinon pour sa vie, au moins pour sa raison.

PARDIAC.

Elle va mieux?

IZET.

Je la crois hors de danger, mais je lui ai soigneusement caché la maladie de la marquise. Jeanne aime tant sa fille qu'elle aurait quitté son lit pour accourir ici.

PARDIAC.

Parlons de la marquise... Qu'en pensez-vous décidément, qu'a-t-elle?

IZET.

Une fièvre lente qui, n'ayant à combattre qu'une constitution faible, pourrait amener de funestes conséquences, surtout si Marguerite se refuse à conjurer le mal. J'ai commandé pour elle une potion que Liberge est allé chercher au village des Loges, chez Cantelen, le seul apothicaire que nous ayions près d'ici. Il faut absolument que la marquise prenne cette potion, peut-être arrêtera-t-elle la fièvre qui m'inquiète. Si quelques nouveaux symptômes se déclaraient... (Il se lève.)

PARDIAC.

On se hâterait de vous faire appeler. Vous nous quittez?

IZET.

Je vais à la ferme recommander encore la plus grande discrétion à ceux qui entourent Jeanne. Ah! voilà un mariage qui promettait plus de bonheur qu'il n'en a donné. Monsieur de Pardiac, je vous salue.

PARDIAC.

A bientôt, docteur.

(Izet sort.)

SCÈNE II

PARDIAC, puis ANTOINE.

PARDIAC.

Allons! décidément Marguerite est sérieusement malade... sa faiblesse et l'incapacité plus que probable de ce brave médecin de campagne pourraient bien amener un dénouement que je ne devais pas prévoir, nous n'aurions rien à faire alors qu'à attendre.

ANTOINE.

Monsieur, il y a là un étranger qui sollicite l'honneur d'être reçu par vous.

PARDIAC, à part.

Diable! un de mes créanciers peut-être (Haut.) Et cet étranger a-t-il dit son nom ?

ANTOINE.

Ce nom, m'a-t-il assuré, vous est complétement inconnu et c'est dans votre intérêt que ce monsieur insiste pour...

PARDIAC.

Faites entrer cet étranger.

ANTOINE.

Le voilà! monsieur.

(Un homme couvert de vêtements noirs un peu râpés entre et salue profondément Pardiac.)

SCÈNE III

PARDIAC, L'ÉTRANGER.

L'ÉTRANGER.

Monsieur, je vous présente mes civilités les plus humbles.

PARDIAC, le regardant.

Monsieur...

L'ÉTRANGER.

Monsieur de Pardiac cherche à retrouver sur ma figure quelque lointain souvenir. C'est une peine inutile; nous nous voyons pour la première fois.

PARDIAC, à part.

Allons, ce n'est pas un créancier. (Plus gaiement.) Asseyez-vous, monsieur, vous allez me dire, n'est-ce pas? qui vous êtes.

L'ÉTRANGER, s'asseyant.

Je vous dirai plutôt ce que j'étais, commis secrétaire attaché au cabinet particulier de monseigneur le cardinal Dubois, premier ministre.

PARDIAC, saluant.

Poste important!

L'ÉTRANGER.

Je l'occupais à l'époque de la grande conspiration des gentilshommes normands et bretons. M. de Pardiac se souvient de cette affaire?

PARDIAC.

Parfaitement. Vous savez que, si je fus assez gravement compromis alors, je suis aujourd'hui...

L'ÉTRANGER.

Gracié par Sa Majesté et ce à la sollicitation de M. le marquis de Bénouville. Cette noble conduite du marquis donne encore peut-être plus d'importance à ma démarche auprès de vous!

PARDIAC.

En vérité! arrivez au fait, cher monsieur.

L'ÉTRANGER.

Mon Dieu! le fait est bien simple et le voilà. Quand j'étais au ministère, on y reçut une lettre venant de Londres, et adressée expressément à son Éminence pour n'être ouverte que par elle... Malheureusement le cardinal était mort quand le pli arriva. M. le Régent avait repris le portefeuille. Il n'y avait pas de secret que ne dût connaître Son Altesse Royale, pas de lettres qu'elle ne pût ouvrir. Après avoir lu celle si particulièrement recommandée, Monseigneur la froissa dans ses mains et la jeta au feu en disant : je ne paie pas si cher une lâcheté.

PARDIAC, à part.

La lettre a été brûlée, je respire!

L'ÉTRANGER, souriant.

J'étais là, et quand son Altesse Royale quitta son cabinet, je retirai du foyer la lettre que la flamme avait à peine touchée. Par cette lettre on offrait au cardinal ministre de lui faire connaître les noms des conjurés qui avaient pu échapper aux poursuites. On demandait en retour une grâce entière et la bagatelle de 300,000 pistoles. Parmi les conjurés qu'on était prêt à livrer se serait naturellement trouvé M. de Bénouville, votre ami alors, votre hôte aujourd'hui. Et la lettre était signée Armand de Pardiac.

PARDIAC.

Vous m'insultez, monsieur, cette signature était fausse.

L'ÉTRANGER.

Je me suis assuré et je prouverai au besoin qu'elle est parfaitement authentique, j'avais l'habitude de ne laisser rien perdre de ce qui pouvait valoir un jour quelque chose. Quand je dus quitter mon modeste emploi, j'avais en mains une masse de documents du genre de celui que je vous ai cité. On ne se figure pas la quantité d'infamies petites ou grandes que renfermaient et cachaient mes cartons. J'avais de quoi démasquer et perdre plus d'un haut personnage; mais je suis discret de ma nature; seulement ma discrétion n'est pas désintéressée. Que voulez-vous? on n'est pas parfait. Je troquai contre des pistoles bien sonnantes des chif-

fons de papier dont j'avais pu faire apprécier la valeur. Je devrais être riche... Mais je suis joueur et je n'ai pas de chance.
Je serais sans ressources aujourd'hui si ma collection de documents était épuisée. Par bonheur il me restait encore votre
lettre datée de Londres. En apprenant que vous étiez rentré
en France, que vous étiez à Benouville chez votre ami, je me
suis dit : je vais rendre un grand service à M. de Pardiac,
et M. de Pardiac ne pourra manquer d'en être reconnaissant.
J'ai pris la poste et me voilà.

PARDIAC.

Avec la lettre?

L'ÉTRANGER.

Avec une copie de la lettre; l'original était trop pré-
cieux, je l'ai déposé en lieu sûr, il vous sera remis contre
50,000 pistoles.

PARDIAC.

Misérable!

L'ÉTRANGER.

Vous ne réfléchissez pas à ce que vous dites, monsieur;
vous faisiez jadis trafic des têtes de vos amis; je ne fais, moi,
trafic que de votre honneur, je l'estime un peu cher, c'est
vrai. Enfin, je fais un marché, vous faisiez, vous, une lâcheté,
le mot n'est pas de moi, il est de monseigneur le Régent.

PARDIAC.

Je n'ai pas la somme que vous me demandez.

L'ÉTRANGER.

Soit! vous l'aurez dans quinze jours. Comment? je n'en
sais rien, mais vous l'aurez.

PARDIAC.

Dans un si court délai il ne me sera pas possible de trouver 50,000 pistoles.

L'ÉTRANGER.

Empruntez-les à M. de Bénouville.

PARDIAC, à part.

A lui moins qu'à tout autre, aujourd'hui. (Haut.) Je reconnais que je suis à votre discrétion. Vous pouvez renverser tous mes projets d'avenir. Voyons, je vous rachèterai
cette fatale lettre, je vous la rachèterai au prix que vous avez
fixé; je ne vous demande que d'attendre un mois, rien qu'un
mois.

L'ÉTRANGER.

M. de Pardiac, je ne suis pas intraitable, je vous accorde

le répit que vous me demandez. C'est donc bien convenu, dans un mois la lettre en question sera remise à vous ou à M. le marquis de Bénouville. Monsieur, je vous présente mes civilités les plus humbles! (Il salue et sort.)

SCÈNE IV

PARDIAC, seul.

Adieu, tous mes beaux rêves! je n'ai pas cent pistoles à jeter à cet homme. M'adresser à Robert dans les circonstances présentes, ce serait tout compromettre, il se croirait quitte envers moi et je veux qu'il reste mon obligé!... C'est à présent qu'il faut à tout prix faire casser le mariage de Robert et de Marguerite. Mais le pourrai-je dans le court délai que m'accorde ce damné commis de Dubois? Il ne me donnera pas un jour de plus. La maladie de Marguerite pourrait être mortelle... Elle a été reconnue du moins grave par le docteur Izet. Je voulais laisser aller les choses et attendre... attendre, je ne le peux plus... Si la marquise mourait on n'accuserait, on ne soupçonnerait personne... Il y a des nécessités fatales et l'homme qui sort d'ici... vient de condamner Marguerite!

SCÈNE V

PARDIAC, HENRIETTE.

HENRIETTE.

Je vous cherchais, Armand, je ne comprends plus rien à votre conduite. Je ne comprends pas que, plus faible que moi, vous ayez cédé aux instances de M. de Bénouville, que vous soyez resté quand je voulais partir...

PARDIAC.

Partir après l'éclat fait par Jeanne, c'était donner un corps à la folle accusation de cette femme. C'était te reconnaître coupable, toi qui n'as rien à te reprocher. Nous devions sans doute quitter ce château, mais à notre jour, à notre heure. Je ne veux pas qu'on puisse croire, qu'on puisse dire que tu en as été chassée.

HENRIETTE.

La marquise a déclaré qu'elle resterait enfermée chez elle tant qu'elle me saurait à Bénouville. Ne dois-je pas céder la place à la marquise? Quel droit peut s'élever contre le sien. Quelle douleur est plus légitime, plus sacrée que la sienne?

ma présence ici est un crime maintenant, et je vous le dis, monsieur, avec vous ou sans vous, je partirai aujourd'hui, tout à l'heure.

PARDIAC.

Je t'approuve, je ne puis que t'approuver, mais je te plains, pauvre sœur, toi aussi tu souffres... car, toi aussi tu aimes !

HENRIETTE.

Qu'importe cet amour, si vraiment il s'est emparé de mon cœur, et si je ne l'en peux arracher il sera mon châtiment : Lorsque Robert m'a osé dire qu'il m'aimait, je n'aurais pas dû rester une heure dans ce château. Pourquoi ne suis-je pas partie alors ? Oh ! vous avez bien deviné... oui, j'aime M. de Bénouville. Oui, je souffre autant que Marguerite ; mais mon amour est coupable et je dois l'étouffer, ma souffrance est méritée et je la dois accepter comme une expiation. Je ne suis pas de ces femmes qui capitulent avec leur conscience et trouvent en elles-mêmes une excuse à leur faiblesse. Non, toute faute est une honte. Grâce à Dieu, j'ai gardé la fierté de notre race. Je souffrirai, je mourrai peut-être de mon amour, mais il n'y aura pas de faute dans ma vie ! il n'y aura pas de honte sur notre nom !

PARDIAC à part.

Il est inutile qu'Henriette soit témoin de ce qui peut survenir ici. (Haut) Sœur, aujourd'hui même tu retourneras à ton couvent, tu attendras les événements.

HENRIETTE.

Qu'ai-je à attendre ? qu'ai-je à espérer ?

PARDIAC.

Nul ne sait ce que l'avenir lui réserve ; fais donc tes préparatifs !...

HENRIETTE.

Ils sont faits !

PARDIAC.

Très-bien, je vais donner l'ordre d'atteler une voiture.

ROBERT, entrant.

Une voiture pour Henriette, n'est-ce pas ?

PARDIAC.

Oui, ma sœur rentre ce soir au couvent des Ursulines.

(Il sort.)

SCÈNE VI

HENRIETTE, ROBERT.

(Robert est pâle, défait, mais contenu; il va s'asseoir et regarde un moment Henriette avant de parler.)

ROBERT.

Vous avez décidé de partir?

HENRIETTE.

Je dois, je veux m'éloigner d'ici!

ROBERT.

C'est bien! partez, Henriette, nous nous reverrons!

HENRIETTE.

Jamais!

ROBERT.

Bientôt!

HENRIETTE.

Je saurai mettre entre nous une barrière infranchissable.

ROBERT, avec des larmes.

Henriette, vous n'avez pas eu pitié de moi. *(Se remettant.)* Vous avez écrit à Marguerite?...

HENRIETTE.

Oui, pour lui demander pardon, pour lui jurer que pour avoir été insensés, nous n'avions pas été coupables; pour lui promettre enfin qu'elle ne me retrouverait plus sur son chemin, et que, loin d'elle, j'allais prier pour elle!

ROBERT, froidement.

J'ai lu votre lettre.

HENRIETTE.

Et vous ne l'avez pas envoyée à la marquise?

ROBERT.

Elle est à présent dans les mains de Marguerite.

HENRIETTE.

Merci. La grâce aussi vous a touché. Vous vous repentez, Robert, et vous m'oublierez, n'est-ce pas?

ROBERT, prêt d'éclater.

Vous m'oublierez donc, vous?...

HENRIETTE.

Oui... pour ne penser qu'à Dieu.

ROBERT, se levant.

Mais à ce Dieu lui-même j'irais vous disputer et vous reprendre.

HENRIETTE.

Vous me faites peur.

ROBERT.

Je devrais vous faire pitié plutôt. Si vous saviez ce que je souffre! si vous saviez ce que sont mes jours sans trêve et mes nuits sans sommeil. Moi aussi j'ai voulu combattre, j'ai voulu résister. Ma passion a toujours été la plus forte et m'a toujours terrassé. Fou, désespéré, j'ai eu la pensée du suicide.

HENRIETTE.

Vous... un chrétien ?...

ROBERT.

Vous croyez bien que la mort ne m'épouvantait pas. Je regardais froidement l'arme qui allait me briser le front... mais je rejetai loin de moi cette arme... j'allais mourir et vous laisser à un autre. Vous, Henriette!... Oh! non, je ne mourrai pas sans avoir connu le bonheur dans ce monde, dussé-je acheter ce bonheur au prix d'un crime, au prix d'un sacrilége.

HENRIETTE.

Prenez garde, monsieur, votre désespoir devient de la folie. Vous oubliez qu'il y a une résistance devant laquelle le crime même est impuissant. (Marguerite vêtue de blanc paraît. Elle est pâle et affaiblie.)

SCENE VII

MARGUERITE, HENRIETTE, ROBERT.

(Robert, tombé dans un fauteuil, tient sa tête cachée dans ses deux mains et paraît insensible à tout ce qui se passe autour de lui.)

MARGUERITE avec une dignité froide à Henriette qui s'incline à sa vue.

Mademoiselle, j'ai reçu votre lettre, quand on invoque la mémoire de sa mère, on ne peut pas mentir.

HENRIETTE.

Et vous ne doutez plus du passé? Madame, ayez confiance dans l'avenir.

MARGUERITE.

L'avenir!

HENRIETTE.

Il peut encore tout réparer. Je prierai Dieu ! je le prierai avec toute la ferveur de mon âme pour qu'il vous donne le bonheur que vous méritez si bien.

ANTOINE, rentrant, à Henriette.

La voiture est prête !

HENRIETTE.

Madame, nous ne nous verrons plus dans ce monde, car je ne quitterai plus la retraite où je vais m'enfermer ; ne laisserez-vous pas tomber sur moi un regard, une parole de miséricorde.

MARGUERITE.

Allez en paix, mademoiselle, je n'ai jamais su haïr et je vous pardonne le mal que vous m'avez fait !

(Elle tend sa main à Henriette que celle-ci baise avec un sanglot. Henriette sort.)

SCÈNE VIII

MARGUERITE, ROBERT.

MARGUERITE, doucement à Robert toujours à la même place.

Vous souffrez bien, Robert... mais je ne peux rien pour vous que vous plaindre et vous épargner ma présence.

(Elle va pour s'éloigner.)

ROBERT, se levant et comme s'il avait pris une résolution subite.

Marguerite, restez... je n'ai plus d'espoir qu'en vous.

MARGUERITE.

En moi ?...

ROBERT.

Ce que j'hésitais à vous dire, il faut que je vous le dise... vous avez eu pitié d'Henriette tout à l'heure, vous ne voudrez pas que je meure désespéré.

MARGUERITE.

Que puis-je donc ?...

ROBERT.

M'écouter d'abord. (Il la conduit à un siége.) Je vous en prie ! j'ai été bien ingrat envers vous, Marguerite, j'ai bien mal reconnu votre dévouement, votre tendresse. Oh ! je sais tout cela... et vous ne m'accablerez jamais de plus de reproches que ne m'en fait ma conscience. En vous donnant ma main, mon nom, je pensais bien payer plus tard votre amour par de l'amour. Oh ! j'étais loyal et sincère alors ! puis vous étiez,

vous, si candide, si pure, si belle, tout autre que moi vous
eût adorée, mais on ne commande pas à son cœur. Je devais
croire, je croyais que je n'aimerais jamais d'amour.

MARGUERITE.

Henriette est venue... et vous avez aimé.

ROBERT.

Oh! croyez-le bien, Marguerite, j'ai voulu combattre cette
passion qui me faisait parjure. En vain Henriette me rappelait froidement à mes devoirs, en vain elle affectait de placer
toujours entre elle et moi... Odette... Odette... cette autre
vous-même... Odette était l'ange qui devait me sauver,
Henriette le démon qui devait me perdre. Le démon a vaincu.
Ah! si je vous avais aimée comme vous méritez d'être
aimée, Marguerite, mon amour pour vous eût été le bonheur
des élus; mon amour pour Henriette c'est le supplice des
damnés. Eh bien, voyez si je suis assez maudit... entre le
bonheur et le supplice, je n'hésite pas... je repousse le ciel
pour l'enfer et je viens, à deux genoux, vous dire : Marguerite,
la vie commune est à présent impossible pour nous. N'en
arrivons pas, vous au mépris pour moi, moi à la haine pour
vous. C'est bien horrible ce que je vous dis là, mais je ne
sais jusqu'où peut aller mon delire; Marguerite, consentez
à demander avec moi la rupture de notre mariage, cette
rupture alors se fera sans bruit, sans éclat. Le scandale
d'ailleurs n'en pourrait retomber que sur moi. Vous voyez,
Marguerite, je ne menace pas, je prie, je pleure!... Ah! vous
pleurez aussi, vous ne repoussez pas le coupable qui vous
supplie. Marguerite, vous êtes plus qu'une femme, vous êtes
une sainte.

MARGUERITE, à part.

Comme il l'aime! (Haut.) Relevez-vous, monsieur; si je n'é-
coutais que mon cœur que vous avez si cruellement déchiré,
je ne disputerais pas à mademoiselle de Pardiac ce nom que
je ne vous avais pas demandé et que vous voulez me reprendre... je rentrerais dans cette pauvre chaumière où je suis
aimée; mais j'ai un enfant, monsieur, je ne veux pas qu'à
mon Odette, quand elle sera grande, on dise que j'ai été
dépossédée de votre nom, chassée de votre château, je ne
veux pas que ma fille puisse un jour douter ou rougir de
sa mère... non, monsieur, je ne le veux pas!... Tant que je
vivrai, une autre femme ne portera pas votre nom; pour être
libre, monsieur, vous attendrez que Dieu m'ait rappelée, ou
vous me tuerez... je ne sortirai de ce château que morte
et marquise de Bénouville.

(Elle rentre chez elle.)

SCÈNE IX

ROBERT, PARDIAC.

ROBERT, courant à Pardiac qui paraît au fond.

Pardiac!... je n'hésite plus, cette demande adressée à la cour de Rome partira aujourd'hui même. Dans un mois je serai libre. Je veux être libre. Marguerite m'a laissé lire enfin dans son âme, sous la résistance de la mère se cachait mal l'orgueil de la femme. Je vaincrai cette résistance, je dompterai cet orgueil.

(Il sort.)

PARDIAC.

Dans un mois je serai libre, dit-il?... hum! Les choses n'iront pas si vite! Henriette qui rentre au couvent avec la belle résolution de prendre le voile, Henriette aura le temps de se faire Ursuline. Enfin cet homme, qui tient mon sort dans ses mains, ce terrible homme ne me fera pas grâce d'une heure, et me perdra.

SCÈNE X

PARDIAC, CÉLÉNIE.

CÉLÉNIE.

Je croyais M. le marquis dans ce salon.

PARDIAC.

M. de Bénouville est rentré chez lui, que lui vouliez-vous ?

CÉLÉNIE.

M. le docteur avait envoyé Liberge chercher une potion, Liberge vient de l'apporter... Quand j'ai voulu la faire prendre à madame, elle m'a répondu en pleurant qu'elle ne voulait pas guérir; elle m'a dit encore d'emporter cette fiole et de sortir de sa chambre... j'ai pensé que si M. le marquis voulait lui-même venir prier madame d'obéir au docteur, elle céderait... oh! oui, elle céderait, j'en suis sûre.

PARDIAC.

Dans la disposition d'esprit où elle est, je crois qu'elle résisterait à Robert comme à vous...

CÉLÉNIE.

Mon Dieu! que faire alors?

PARDIAC.

Attendez!... il y aurait peut-être un moyen de... Où est Odette?

CÉLÉNIE.

Là! dans le parc!

PARDIAC.

Très bien! — Célénie.

CÉLÉNIE.

Monsieur?

PARDIAC.

Donnez-moi ce flacon... Madame de Bénouville adore sa
fille, elle ne lui résistera pas.

CÉLÉNIE.

Oh! certainement, monsieur!

PARDIAC.

Je vais trouver Odette. (Il sort.)

SCÈNE XI

CÉLÉNIE, puis MARGUERITE.

MARGUERITE, entrant vivement.

Célénie!... où est Odette, où est ma fille?

CÉLÉNIE.

Elle joue dans le parc...

MARGUERITE.

Seule?...

CÉLÉNIE.

Non, Liberge était avec elle.

MARGUERITE.

Je ne veux plus qu'Odette me quitte ni le jour ni la nuit,
ils me la prendraient!... oui... ils feraient cela pour me
tuer plus vite!

CÉLÉNIE.

Qu'est-ce que vous dites donc, madame?...

MARGUERITE.

Va chercher Odette, et ne la confie plus à personne, entends-tu bien? à personne... va donc... Non, à toi on ne la
rendra pas peut-être... mais on n'osera pas me la refuser
à moi.

CÉLÉNIE.

Ne vous tourmentez pas comme ça, voilà mademoiselle...

SCÈNE XII

MARGUERITE, ODETTE, CÉLÉNIE.

MARGUERITE, courant à Odette et l'embrassant.

Odette !... mon enfant !...

ODETTE, qui tient une tasse à la main.

Prends garde ! maman, tu vas me faire répandre...

CÉLÉNIE, prenant la tasse.

Qu'apportez-vous donc là, mademoiselle?...

ODETTE.

La tisane ordonnée par M. Izet.

MARGUERITE.

C'est inutile, je ne veux rien prendre...

ODETTE.

Maman, quand j'avais si grand mal à la gorge l'autre jour, je ne voulais pas boire non plus et tu me disais : si tu refuses de m'obéir, c'est que tu ne m'aimes pas : comme je t'aime de tout mon cœur, petite mère, j'ai bu.. si tu ne fais pas ce que je veux, c'est que tu ne m'aimes pas...

MARGUERITE.

Je ne t'aime pas toi... toi! .. (Elle l'embrasse avec transport.)

ODETTE.

Alors tu vas m'obéir?... (Elle fait signe à Célénie de lui donner la tasse.)

ODETTE.

Petite mère, pour moi, pour bonne maman Jeanne !...

MARGUERITE.

Je n'ai pas le droit de me laisser mourir... pour ma mère, pour ma fille, je dois essayer de vivre... donne ma fille... donne !...

(Odette présente la tasse à sa mère. Le rideau baisse au moment où Marguerite porte la tasse à ses lèvres.)

FIN DU CINQUIÈME TABLEAU.

Sixième Tableau

LE CLOS DE LA FERME

Maison à droite, 2e plan, barrière à gauche, étable et grange au fond.

SCÈNE PREMIÈRE

JEANNE, BAILLIF.

(Jeanne, que la fièvre a affaiblie et pâlie, est assise sur un banc : elle retire sa mante comme si elle venait de rentrer. Baillif, encore appuyé sur son bâton, est debout devant elle et la regarde avec tendresse.)

BAILLIF.

Nous avons eu tort d'aller jusqu'au Calvaire. Tu es fatiguée, chère fille?

JEANNE.

Un peu... et j'étais heureuse d'avoir votre bras; aujourd'hui, grand-père, c'est vous qui êtes la force de la maison.

BAILLIF.

Parce que j'ai le courage et la foi, parce que je ne désespère ni de la justice ni de la bonté de Dieu.

JEANNE.

Je ne suis pas seule à m'inquiéter du sort de Marguerite... Est-ce que vous ne la chérissez pas autant que moi?... Quelles nouvelles du château?...

BAILLIF, avec effort.

Bonnes! depuis huit jours mademoiselle de Pardiac a quitté le château de Bénouville.

JEANNE.

C'est Liberge qui est venu vous dire cela?...

BAILLIF.

Oui.

JEANNE.

Pourquoi n'est-il pas monté chez moi?

BAILLIF.

Tu dormais.

JEANNE.

Pauvre Liberge! quand j'ai été si malade, il me veillait avec vous! oh! malgré ma fièvre, je vous voyais prier, je le voyais pleurer et je vous remerciais dans mon cœur, vous pour votre prière, lui pour ses grosses larmes! C'est bon de se sentir aimée... ça encourage à souffrir. On n'a rien dit à Marguerite?...

BAILLIF.

Non, et la preuve c'est qu'elle n'est pas venue.

JEANNE.

La pauvre chère fille a bien assez de chagrin. Robert n'a laissé partir cette créature, voyez-vous, que parce qu'il est bien décidé à la suivre.

BAILLIF.

Tu es injuste ; Robert n'a pas quitté le château.

JEANNE.

Oui... je me dis cela aussi, mais je ne peux pas parvenir à me rassurer, j'ai toutes les nuits des rêves qui me font peur, je vois toujours Marguerite entourée d'embûches, de dangers... et ces rêves me poursuivent encore quand je m'é-veille, je vois comme des fantômes autour de mon lit... Grand-père, est-ce que j'ai été folle?...

BAILLIF.

Non... tu as eu la fièvre... voilà tout.

JEANNE, se levant.

Je veux voir Marguerite... Pour ne pas rencontrer Robert dont la vue me ferait mal à présent, j'entrerai dans le parc par la grande brèche du côté de la falaise.

BAILLIF.

Attends à demain, ta promenade au Calvaire t'a épuisée... sois raisonnable, Jeanne... laisse-moi te ramener dans ta chambre, une heure de sommeil te refera vaillante.

JEANNE.

Demain, j'irai à Bénouville?...

BAILLIF.

Oui, demain tu iras embrasser ta fille. (Jeanne rentre dans la maison, appuyée sur le bras de Baillif.)

SCÈNE II

PARDIAC.

(Vêtu en paysan, le front caché sous un large chapeau, les épaules couvertes par une roulière grise, entre par la barrière à gauche.)

Décidément je ne me reconnais plus au milieu de ces abominables chemins, la brume de mer ne me permettait pas de m'orienter et je me suis perdu tout à fait. (Entrant.) Quelqu'un dans cette ferme me remettra sur la bonne voie... Personne... on est encore au travail dans les champs... mais le jour baisse... les fermiers vont rentrer... attendons. (Il s'assied sur un banc de pierre.) Contre toutes mes prévisions, Marguerite existe encore... elle a résisté à ce qui devait amener une catastrophe. Il m'a fallu, ne pouvant me confier à personne, prendre ce déguisement et aller deux fois jusqu'au village des Loges chercher les substances nécessaires et qui me manquaient au château. L'existence de Marguerite est vraiment un problème. Ce matin elle paraissait plus forte et les symptômes attendus par moi n'ont point paru. Cette fois je serai sûr d'en finir. (Voyant paraître Baillif sur le seuil de la porte, il se lève.)

BAILLIF, entrant.

Qui est là?

SCÈNE III

BAILLIF, PARDIAC.

PARDIAC, à part.

Il y avait quelqu'un dans la maison! (Affectant un accent.) Faites excuse... je suis nouveau venu dans le pays, je ne connais pas encore bien les routes et je me suis égaré!... Où suis-je ben ici?...

BAILLIF.

A la ferme de Valaine.

PARDIAC, à part.

A la ferme de Jeanne!... Heureusement ce vieillard ne me connait pas... N'importe, il est prudent de sortir vite d'ici.

BAILLIF.

Où voulez-vous aller?

PARDIAC.

Au village des Loges.

BAILLIF.

Il faut traverser le grand val et monter la côte; vous gagnerez le grand val en suivant la sente que vous trouverez à droite et à cent pas d'ici.

PARDIAC.

Aux Loges on m'indiquera mon chemin pour aller à Yport ousque je suis garçon de ferme.

BAILLIF.

Chez Pierre Paillette?

PARDIAC.

Oui, c'est cela...

BAILLIF.

Je ne savais pas qu'il eût changé de domestique.

PARDIAC.

Je ne suis chez lui que de la semaine dernière... Vous dites la sente à droite.

BAILLIF, indiquant.

Oui... la sente du Camondet. Quand vous serez au bout, vous traverserez la passée devant le château de Grandval et vous n'aurez plus qu'à monter la côte...

LIBERGE, à la cantonnade, à droite.

La bourgeoise va mieux! viens, Martine, que je t'embrasse pour cette bonne nouvelle.

PARDIAC.

Liberge! oh! celui-là me reconnaîtrait! (Revenant prendre son chapeau qu'il enfonce sur son front.) Merci bien! et bonsoir!

BAILLIF.

Bonsoir!... (Pardiac s'enveloppe dans sa roulière et sort vivement à gauche.)

SCÈNE IV

BAILLIF, puis, LIBERGE.

BAILLIF.

Liberge! je vais savoir!...

LIBERGE.

Bonsoir, père Baillif. (Regardant autour de lui.) La bourgeoise n'est pas là? on peut jaser!

BAILLIF.

Elle est dans sa chambre! Eh! bien, Marguerite?...

LIBERGE.

La marquise est moins mal, voilà tout ce qu'on en peut dire. Pendant trois jours, c'était à croire qu'elle allait passer. M. le marquis en était tout effrayé... il devait partir et il est resté... ça m'a un peu raccommodé avec lui. M. Izet, que j'étais allé chercher, ne connaissait plus rien à la maladie. Enfin hier et ce matin il a trouvé du mieux et m'a envoyé acheter d'autres médicaments aux Loges, d'où que j'arrive. Si ça avait été utile après avoir porté ça au château je serais revenu faire la veillée avec vous.

BAILLIF.

Merci, mon garçon. Jeanne a pu sortir en s'appuyant sur mon bras. — Elle ne m'inquiète plus à présent, mais si nous n'avions pas été là tous les deux près d'elle au moment de la grosse fièvre, Dieu sait ce que serait devenue ma pauvre fille. Quoi qu'il arrive, Liberge, quoi que décide Jeanne plus tard, promets-moi de ne pas quitter le pays.

LIBERGE.

Oh! ça, je vous le jure, père Baillif, à c't'heure je sais que je ne suis plus rien pour la bourgeoise... et qu'est-ce que je pourrais donc lui être auprès de sa fille malheureuse, malade... Aussi, je me suis fait une raison... jamais, entendez-vous, jamais je ne vous quitterai, je ne suis plus à moi... non, je suis à vous... à vous tous... on fera de Liberge ce qu'on voudra, je ne demanderai plus jamais rien à la bourgeoise, rien que la permission de la servir toute ma vie. Ah! par exemple, je l'aimerai toujours, mais en dedans, père Baillif, en dedans et sans en laisser plus rien voir à personne!

BAILLIF.

Brave cœur!

LIBERGE.

Puisque vous n'avez pas besoin de moi ici, je vais retourner à Benouville. S'il y avait une rechute, je serais là pour courir chez M. Izet, chez Cantelen... Tiens! à propos de Cantelen, je voulais vous demander une chose, est-ce que vous avez jamais mis de l'arsenic dans vos greniers?...

BAILLIF.

Jamais, pourquoi me demandes tu ça?

LIBERGE.

Parce qu'un homme que Cantelen ne connait point est

déjà venu deux fois chez lui prendre de cette vilaine poudre-là, soi-disant pour détruire les animaux qui grigotent le blé dans les granges de maître Legay, le fermier du Tilleul ! Ce qui a paru louche, c'est que, pour un valet de ferme, il avait les mains blanches et la barbe faite... la barbe faite un vendredi, c'est point naturel !

BAILLIF.

Cantelen t'a-t-il dit comment était vêtu cet homme?...

LIBERGE.

Oui, il a un chapeau gris sur la tête, une roulière brune, et dessous comme un costume de chasse...

BAILLIF.

C'est bien cela; cet homme était ici tout à l'heure.

LIBERGE.

Ici?...

BAILLIF.

Il allait justement au village des Loges ; à cause de la brume il s'était perdu et je lui ai indiqué son chemin. Cet homme a menti chez Cantelen ou il a menti à moi, car il m'a dit être entré dernièrement en service chez Pierre Paillette, le fermier d'Yport.

LIBERGE.

Un homme qui ment comme ça et qui achète de la poudre bonne à tuer les gens aussi bien que les bêtes, cet homme-là veut faire un mauvais coup. Je vais retourner chez Cantelen pour qu'il ne lui vende plus de sa mauvaise drogue, et si je rencontre en route l'homme à la roulière, je mettrai la main dessus et je le mènerai au bailliage de Criquetot.

BAILLIF.

Ne parle donc pas si haut, Jeanne dort... (Il va écouter à la porte.)

LIBERGE, à part.

Il n'y a que de pauvres gens autour de nous, on ne gagnerait rien à les assassiner... Je ne vois qu'une personne qu'on aurait intérêt à... Oh ! ça me donne le frisson !

BAILLIF, revenant à Liberge.

T'es point encore parti, toi ?... Qu'as-tu donc...

LIBERGE.

Rien, père Baillif... Je retourne aux Loges... (A part.) Je ne me coucherai pas cette nuit... et personne sans que je le voie... personne n'entrera ce soir à Bénouville! (Haut.) A demain, père Baillif! (Il sort.)

SCÈNE V

BAILLIF, puis **JEANNE**.

BAILLIF.

Il est venu à Liberge un soupçon qu'il n'a pas voulu me dire... Il a pâli tout d'un coup et sa main était toute froide... Quel danger, quel nouveau malheur prévoyait-il donc?

JEANNE, dans la maison.

Marguerite, ma fille... me voilà... je te défendrai... va...

BAILLIF.

C'est la voix de Jeanne ! la fièvre l'aurait-elle reprise?...

JEANNE, entrant plus pâle et toute en désordre.

Ils me tueront avant d'arriver à toi..

BAILLIF.

Jeanne... mon enfant... es-tu donc poursuivie par quelque mauvais rêve!

JEANNE, regardant autour d'elle.

Un rêve! (Respirant.) Ah! ce n'était qu'un rêve... je suis à la ferme...

BAILLIF.

Avec moi... et personne ne menace ni toi, ni Marguerite !.. Allons! te voilà toute tremblante, oublie bien vite ce vilain songe...

JEANNE.

Oh ! il était plus affreux que tous les autres... et je ne puis pas l'oublier... non... je crois encore être à Bénouville dans la chambre de Marguerite... je la vois tout agonisante sur son lit... près d'elle, là, debout... je vois encore Robert et cette misérable Henriette... ils la regardaient mourir et Robert disait à cette fille ! je vais être libre... tu seras ma femme... Robert voulait arracher à Marguerite son anneau d'alliance pour le donner à Henriette. Marguerite se débattait, j'étais là... moi... mais comme paralysée... je voyais tout, j'entendais tout... et je ne pouvais rien... rien pour défendre mon enfant; alors Dieu envoyait un de ses anges au secours de la pauvre martyre, ce bon ange qui se plaçait entre Marguerite et ses bourreaux... c'était...

ODETTE, entrant et courant à Jeanne.

C'est moi, bonne maman!

JEANNE.

Odette !

SCÈNE VI

BAILLIF, JEANNE, ODETTE, CÉLÉNIE.

CÉLÉNIE.

Madame Jeanne, vous êtes tout étonnée de nous voir... Mais madame la marquise a pensé que vous seriez contente d'embrasser mademoiselle Odette, et elle m'a ordonné de la conduire à la ferme.

JEANNE, allant s'asseoir à gauche.

Si je suis contente.. Père... le voilà, le bon ange de mon rêve... c'était Odette... cher petit trésor. (Elle la met sur ses genoux et l'embrasse.)

BAILLIF, prenant Célénie à part.

C'est vraiment Marguerite qui t'envoie?

CÉLÉNIE, bas.

Non, monsieur Baillif, je suis venue pendant que madame reposait et que la seconde femme de chambre veillait près d'elle, j'avais quelque chose de si grave à vous dire!

BAILLIF.

Tu as donc quelque mauvaise nouvelle à m'apprendre?...

CÉLÉNIE.

Oh! oui! et une mauvaise action aussi.

BAILLIF.

Ne parle pas devant Jeanne... viens dans le grand clos.. Jeanne, tout heureuse de voir Odette, ne s'apercevra pas que nous l'avons quittée.
(Célénie, en sortant avec Baillif, à droite, fait signe à Odette de se taire.)

SCÈNE VII

JEANNE, ODETTE.

JEANNE.

Odette! Pourquoi donc détournes-tu les yeux? pourquoi ne réponds-tu pas quand je te parle de ta mère? t'a-t-on recommandé cela? oui... ton père, n'est-ce pas?...

ODETTE.

Non... papa ne sait pas que je suis ici...

JEANNE.

Qui donc a pu t'ordonner le silence? ce ne peut pas être Marguerite?

ODETTE, pleurant.

Pauvre petite maman...

JEANNE.

Pourquoi pleures-tu en pensant à elle ?

ODETTE, hésitant.

Parce que... (Éclatant.) parce que petite maman est bien malade et qu'on me disait qu'elle allait mourir.

JEANNE.

Mourir ! ma fille !

ODETTE.

Oh ! ce n'était pas vrai ! n'est-ce pas que le bon Dieu ne prend pas leur mère aux enfants qui sont tout petits comme moi ?...

JEANNE.

Ma fille en danger ! et on me le cachait et on me mentait... oh ! mais tu vas tout me dire... toi !...

ODETTE.

On me l'a défendu...

JEANNE.

Qui ?...

ODETTE.

Célénie !

JEANNE.

Célénie n'est qu'une servante et moi je suis...

ODETTE.

Ma bonne maman, c'est vrai et je dois t'obéir... mais tu empêcheras Célénie de me gronder ?...

JEANNE.

Voyons ! dis-moi tout ce que tu sais, tout...

ODETTE.

Maman était malade et ne voulait rien prendre... mais je l'avais tant priée qu'elle acceptait la tisane que je lui apportais... il n'y avait que moi qui obtenais cela d'elle. Cette tisane lui brûlait si fort la gorge que petite mère en pleurait et qu'elle me disait en m'embrassant : chère petite fille ! tu me fais bien mal ! Je ne voulais pas faire du mal à maman, je ne voulais pas désobéir à papa, alors, j'ai eu une idée, bonne maman... Célénie m'apporte tous les matins une tasse de lait pour mon premier déjeuner, j'ai donné ma tasse de lait à maman à la place de cette mauvaise tisane que je jetais par la fenêtre pour qu'on trouvât la tasse vide. Je n'ai plus fait de premier déjeuner, j'ai eu bien faim, mais petite mère a été moins malade !...

JEANNE.

Qui préparait cette tisane ?...

ODETTE.

Je ne sais pas ! Tu vas voir comme elle était mauvaise... Ce matin, je n'avais pas tout jeté, Fidèle, mon petit chien, a bu ce qui restait dans la tasse, et Fidèle est mort !

JEANNE.

Mort !...

ODETTE.

Ça m'a fait bien de la peine et à Célénie aussi, pourtant c'est heureux que maman n'ait pas bu la tisane qui a fait mourir Fidèle.

JEANNE.

Ah ! le voilà ce danger de mort qui menaçait ma fille !... voilà le bon ange qui la protégeait ! Oh ! ce n'est pas trop à présent de sa mère pour sauver Marguerite... Marguerite que l'on veut assassiner, son assassin je le connais...mais entre lui et sa victime... Robert trouvera le cœur de Jeanne (Appelant.) Martine ! Martine ! (Martine paraît.)

MARTINE.

Seigneur Dieu ! madame... quoi donc que vous avez ?...

JEANNE.

Martine... je te confie Odette, ne lui laisse plus quitter la ferme, dis au grand-père qu'elle ne serait pas en sûreté à Benouville.

MARTINE.

Est-ce que vous voulez sortir ?...

ODETTE.

Où vas-tu, bonne maman ?...

JEANNE.

Au château pour défendre ta mère !...

MARTINE.

Vous allez vous tuer, madame...

JEANNE.

Martine ! je vais tuer peut-être !...

(Elle sort dans le plus grand désordre : à gauche, par la barrière, Martine retient Odette qui veut la suivre.)

FIN DU SIXIÈME TABLEAU

Septième Tableau

LES FALAISES D'ÉTRETAT

Le site pittoresque et sauvage connu sous le nom de la Valleuse de Benouville. — Du haut de la falaise où se passe la scène on aperçoit au fond la pleine mer. A gauche, les rochers d'Étretat dits les Portes. A droite, au fond, l'entrée de la Valleuse. — Escalier de roc descendant à la plage. — A gauche, escalier de roc montant à un rocher formant cap et dominant la falaise coupée à pic. — Clair de lune. — Au deuxième plan à droite, rocher isolé. — Au lever du rideau on entend les voix des pêcheurs en mer. Ceux-ci en longeant la côte chantent le cantique des marins : Notre-Dame de la Garde.

SCÈNE PREMIÈRE

JEANNE, MARINS, à la cantonnade.

(Jeanne, assise sur une pointe de rocher, la tête appuyée sur la main, écoute le chant des matelots.)

CHOEUR DES MATELOTS.

AIR :

Vierge sainte, exaucez-nous,
Notre espoir est tout en vous,
Chère dame de la Garde :
Très-digne mère de Dieu,
Soyez notre sauvegarde
Pour nous défendre en tout lieu.

JEANNE, regardant du côté de la mer.

C'est la barque de Jean Vaillard qui passe au pied de la falaise. Lui et ses hommes d'équipage se recommandent à la bonne Notre-Dame de la Garde.

CHOEUR.

Claire étoile de la mer,
Montrez-vous dans le danger;
Dans la nuit la plus obscure
Servez de phare et de nord
A ceux qui sous votre augure
Espèrent de prendre port.

(Les voix s'éloignent et s'éteignent.)

JEANNE.

Ah! bonne Notre-Dame? vous qui venez en aide aux matelots en péril... venez en aide aussi à une pauvre mère. La force a fait défaut à ma volonté. Je n'ai pu continuer ma route. Mes jambes ne me soutenaient plus. La tête me tournait... et je suis tombée là... Il faut pourtant que j'arrive à Bénouville. Mon Dieu, ma fille a besoin de moi, ne me laissez pas mourir.

LA VOIX DE LIBERGE, au loin.

Jeanne! Jeanne!

JEANNE.

C'est mon nom que j'ai entendu... Oui c'est moi qu'on appelle.

LA VOIX DE LIBERGE, se rapprochant.

Jeanne! Jeanne!

JEANNE.

C'est la voix de Liberge... oh! voilà l'aide que je vous demandais, bonne Notre-Dame (Agitant son mouchoir de cou qu'elle a détaché) Liberge, je suis là, en haut de la Valleuse.

(On voit bientôt apparaître Liberge gravissant en toute hâte l'escalier dans le roc à droite, il court à Jeanne. Il a son fusil.)

SCÈNE II

JEANNE, LIBERGE.

LIBERGE.

Enfin. vous voilà, Jeanne! Ah! comme le cœur me bat! d'abord, j'ai monté la Valleuse sans compter mes pas, puis je suis si content de vous retrouver.

JEANNE.

Tu me cherchais donc?

LIBERGE.

Moi! le père Baillif, Magloire, tout le monde enfin, s'était

mis en quête après vous, quand Martine nous a eu dit que
vous étiez partie de la ferme, ayant la tête comme perdue.
Où alliez-vous donc, Jeanne, toute seule et encore si malade ?

JEANNE.

J'allais à Bénouville.

LIBERGE.

Je m'en doutais bien ; le père Baillif, qui a su par Célénie
ce qui se passait au château, m'a tout raconté. Marguerite a
couru grand risque, c'est vrai... mais la chère petite Odette
l'a sauvée.

JEANNE.

Marguerite... sauvée ? Marguerite, qui est encore à la discrétion de son bourreau ? Sais-tu ce que j'allais faire à Bénouville ? J'allais tuer Robert.

LIBERGE.

Vous ?

JEANNE.

J'ai bien le droit de lui reprendre la vie qu'il me doit...
mais vois-tu, Liberge... la maladie m'a pris toutes mes forces... Je voulais courir ; — je ne peux même plus marcher,
quand ma fille m'appelle peut-être. Je ne peux pas aller jusqu'à elle... Non, je ne suis plus bonne à rien pour mon enfant... Mais te voilà toi, comme ton cœur est dévoué, ton
bras est fort, ce que je ne peux pas faire, tu le feras.

LIBERGE.

Moi ?

JEANNE, exaltée.

Tu m'as dit... tu m'as prouvé que tu m'aimais... et moi,
j'ai joué avec ton attachement... j'ai été ingrate et dure envers toi. Mais je te paierai tout ce passé-là. Écoute, tu as
ton fusil, va, cours à Bénouville, mets une balle dans la poi
trine du lâche empoisonneur, sauve Marguerite et je serai
ta femme.

LIBERGE.

Oh ! Jeanne, vous auriez honte de moi si je faisais ce que
vous me commandez là.

JEANNE.

Qu'est-ce que je t'ai dit ? on t'arrêterait, on te punirait
pour avoir frappé ce misérable. Oh ! je ne t'ai rien commandé, entends-tu ; je ne veux pas qu'il t'arrive du mal à toi.
Quand je parlais tout à l'heure, j'avais la fièvre, j'avais le
transport. Liberge, mon ami, je ne te demande plus rien...

rien que de m'aider à gagner Bénouville... si j'ai peur pour toi de la justice, je ne la crains pas pour moi. Non! Robert fait mourir sa femme pour épouser sa maîtresse; pour que Marguerite vive à présent, il faut que Robert meure, il mourra. Les hommes me condamneront, mais Dieu me fera miséricorde. Viens, viens donc.

LIBERGE.

Jeanne, écoutez-moi; le vrai, le seul coupable... Ce n'est pas M. Robert.

JEANNE.

Le connais-tu?

LIBERGE.

Oui et non... le père Baillif a vu tantôt à votre ferme celui que nous soupçonnons; j'ai pris son signalement comme si j'étais de la maréchaussée. J'étais sur la piste de ce gredin-là, il n'y a pas bien longtemps, mais je l'ai quittée pour courir après vous, Jeanne.

JEANNE.

Oh! ne t'occupe pas de moi... parle de cet homme.

LIBERGE.

Il était chez Cantelen, tout à l'heure, il a pris de la poudre d'arsenic puis il est parti avec.

JEANNE.

Qui ça peut-il être?

LILERGE.

D'abord, ça n'est pas un paysan malgré son large chapeau gris et sa grosse roulière brune; quand nous le tiendrons, il faudra bien qu'il parle.

JEANNE.

Oui... oui...

LIBERGE.

Si nous ne nous trompons point, si cet homme-là a de mauvais desseins, c'est à Bénouville qu'il voudra rentrer. Deux routes y conduisent. Magloire garde l'une et moi je garde l'autre.

JEANNE, montrant le sentier à gauche premier plan.

Il y a encore ce sentier.

LIBERGE.

Oui. C'est ici que le père Baillif devait veiller et attendre l'homme en question... Tenez, voilà le grand-père. (Allant au devant de Baillif qui arrive de droite.) N'ayez plus de crainte pour la bourgeoise, elle allait à Bénouville naturellement, elle est trop faible pour y monter seule et vous l'y conduirez; mais quand nous saurons à quoi nous en tenir sur le méchant gibier que nous chassons. Gardez bien votre poste, moi je retourne au mien. (Bas à Baillif.) Elle a encore la fièvre, ne la quittez pas, et retirez-lui de l'esprit les idées noires qu'elle a contre monsieur de Bénouville. (A Jeanne, à demi-voix.) Jeanne, pour vous prouver combien je vous aime, je ne sais pas si je tuerais quelqu'un, mais je sais bien que je me ferais tuer... Je retourne à mon affut! (Il sort.)

SCÈNE III

JEANNE, BAILLIF.

BAILLIF.

Jeanne, pour partir comme ça toute seule, tu as donc oublié que j'étais à la ferme?

JEANNE.

Je n'ai pensé qu'à Marguerite.

BAILLIF.

Pour elle ce n'est pas au château qu'est à présent le danger.

JEANNE.

Robert n'est-il pas au château?

BAILLIF.

Jeanne, tes soupçons s'égarent et ne touchent pas juste! Il n'y a pas que Robert à Bénouville, il y a aussi le frère de cette Henriette.

JEANNE.

Monsieur de Pardiac.

BAILLIF.

Je ne connais pas ce Pardiac, mais n'est-ce pas plutôt lui qu'il faut soupçonner? N'aurait-il pas dû emmener sa sœur aussitôt qu'il a su la folle passion de Robert?... Pourquoi restait-il au château avec elle?... Pourquoi y est-il resté après le départ d'Henriette? Ce Pardiac est ruiné. N'a-t-il pas intérêt à ce que Robert, veuf et libre, épouse sa sœur et le fasse riche de sa fortune?

JEANNE.

Oui... oui...

BAILLIF.

Mes pressentiments ne m'ont pas trompé jusqu'à présent... Eh bien ! je suis sûr que l'homme que nous traquons est un lâche coquin vendu à ce Pardiac.

JEANNE.

Vous avez peut-être raison ; pourtant si, comme moi, vous aviez entendu Robert, si vous l'aviez vu menacer Marguerite.. Oh ! je donnerais ma vie pour que Robert fût innocent, mais malgré moi, je doute et j'ai peur ! Le repos m'a rendu assez de force pour que seule à présent je puisse gagner Bénouville, je vous promets d'être calme, je vous promets de ne rien laisser voir à Robert, seulement je serai près de Marguerite, et pendant que vous veillez ici, je veillerai là bas.

BAILLIF.

Va, Jeanne, va, ma fille!... je ne te retiens plus !

JEANNE.

Oh ! merci... merci ! Embrassez-moi... pour me refaire vaillante et forte. Oh ! à présent j'arriverai. (Elle sort par le sentier à gauche.)

SCÈNE IV

BAILLIF, puis PARDIAC.

BAILLIF.

Robert ne peut pas être coupable. Non, il n'a pas démenti à ce point le sang de son loyal et généreux père... N'ai-je pas entendu?.. Un homme monte la Valleuse... Un pêcheur peut-être. (Il va voir au fond à droite.) Non... non, l'homme qui vient là est bien celui que nous guettons. Il n'a pris ni la route que garde Magloire ni celle où l'attend Liberge. Grâce à Dieu, il me trouvera sur son chemin. (Pardiac gravit péniblement les dernières marches taillées dans le roc. Baillif se place à l'entrée du sentier de gauche.)

PARDIAC.

Arrêtons-nous un moment pour reprendre haleine. (Il s'appuie contre une roche à droite.) Je ne savais pas cette pente si effroyablement escarpée. J'ai obtenu à grand' peine ce que j'étais allé chercher là-bas. Je n'aurai plus à renouveler une démarche qui me compromettrait à la fin. Craignant même d'être épié, suivi, je n'ai pas voulu prendre les routes qui conduisent directement au château.

BAILLIF, le reconnaissant.

C'est bien lui !

PARDIAC.

Je me suis engagé dans ce sentier de la falaise. Sentier dangereux, ma foi, que (Regardant en bas.) j'ai pu monter... mais que je n'oserais pas descendre. (Avançant en scène.) Je me reconnais, j'ai passé par ici en chassant avec Robert. En suivant cet autre sentier (Il indique celui de gauche.) je serai dans un quart d'heure à Bénouville.

(Au moment de s'engager dans le sentier, il trouve en face de lui Baillif debout, appuyé sur un bâton.)

BAILLIF.

C'est donc à Bénouville que vous allez ?

PARDIAC, à part.

Le vieillard !

BAILLIF.

Vous étiez, me disiez-vous, au service de Pierre Paillette et vous retourniez à Yport?

PARDIAC.

J'avais une commission pour le château.

BAILLIF.

Qui vous l'a donnée ?

PARDIAC.

Je n'ai pas de compte à vous rendre et je suis pressé, on m'attend.

BAILLIF, lui barrant le passage.

Qui ?

PARDIAC.

Ça ne vous regarde pas ; allons, faites-moi place, je vous ai dit que j'étais pressé.

BAILLIF.

On trouve que Marguerite tarde trop à mourir, n'est-ce pas?

PARDIAC, à part.

Hein ?

BAILLIF.

Ce poison que tu es allé chercher, ce poison est destiné à Marguerite. Si tu es attendu au château, c'est que sans toi, on ne peut achever la victime. Tu ne savais pas tout cela peut-être... on a pu te tromper, je veux le croire, mais le coupable, tu le connais. C'est celui qui deux fois déjà t'a envoyé chez Cantelen. Dis-moi le nom de ce coupable. Aide-moi à prouver son crime... Oh! j'ai bien le droit de parler ainsi... Marguerite est ma fille. Voyons, l'homme à qui tu obéis, ce n'est pas Robert, non, ce n'est pas le mari de Marguerite... celui qui t'a donné cette horrible mission, c'est monsieur de Pardiac, n'est-ce pas? Oui, c'est Pardiac. Mais dis-moi donc que c'est lui?

PARDIAC, à part.

Ce vieillard est plus dangereux que je ne le supposais.

BAILLIF.

Si tu ne veux pas parler, si tu ne m'avoues rien, c'est que tu as ta part dans le meurtre. Oh! alors... malheur à toi!.. (Il brandit son bâton.)

PARDIAC, oubliant son accent.

Vieillard insensé, tu me menaces!..

BAILLIF.

Ah! nous ne sommes donc plus un paysan!

PARDIAC.

Tu me menaces, mais ta main tremblante laissera bientôt échapper le bâton que tu lèves sur moi s'il me plaît de te le prendre.

BAILLIF.

Si je te laisse arriver jusqu'à Benouville, je sais à présent que Marguerite est morte, et je t'ai dit que Marguerite était mon enfant. Tu n'arriveras pas à Bénouville. Non tu n'y arriveras pas! Le sang que l'âge a glacé dans mes veines se réchauffe, se rallume... ma force se réveille. Le vieillard se refait homme. Puis tous les empoisonneurs sont lâches. Il faudra m'attaquer en face et me tuer debout. (Il marche sur lui.) Tu n'oseras pas... tu n'oseras pas...

PARDIAC.

J'oserai et tu ne parleras plus. (Il veut arracher à Baillif le bâton dont il le menaçait.)

BAILLIF, luttant et criant.

A moi, Liberge! Magloire, à moi... sauvez Marguerite!

(Pardiac s'empare enfin du bâton et en assène un coup violent sur la tête de Baillif. Celui-ci porte la main à son front, tourne sur lui-même et va tomber derrière le rocher à droite qui cache entièrement son corps. Pardiac, effrayé lui-même du coup qu'il vient de frapper, laisse échapper le bâton de Baillif, le chapeau de Pardiac est tombé dans la lutte, le visage de Pardiac est donc à découvert.)

PARDIAC, *regardant derrière le rocher.*

L'ai-je tué?... (Il se baisse derrière le rocher.)

SCÈNE V

JEANNE, PARDIAC, BAILLIF.

JEANNE, *entrant de gauche et sans voir Pardiac.*

C'est la voix du grand-père que j'ai entendue... oui, il appelait à son aide... Mon Dieu, que s'est-il passé? Oh! je veux le savoir. (Elle fait quelques pas vers la droite, au même moment Pardiac qu'elle n'avait pu voir se relève.)

PARDIAC.

Son regard me menace encore... et je n'ai que cette arme. (Il veut aller prendre le bâton et se trouve en face de Jeanne.)

JEANNE.

Pardiac?

PARDIAC, *effrayé.*

Jeanne!

JEANNE.

Pardiac sous ce costume... ah! le voilà le meurtrier de Marguerite : le voilà!

PARDIAC.

Taisez-vous... taisez-vous!

JEANNE.

Me taire. Oh! non pas. J'appellerai au contraire et à ma voix on accourra, comme à la voix du père je suis accourue, moi!

PARDIAC, *à part.*

Il ne faut pas qu'elle appelle.

JEANNE.

Vous avez rencontré ici le vieux Baillif... il vous aura barré le passage... il aura voulu défendre notre enfant, et, vous l'avez tué peut-être. (Apercevant à terre le bâton qu'elle ramasse.) Oui... ce bâton était le sien... Ah! il est taché de sang... (Elle laisse retomber le bâton.) Assassin de Marguerite... qu'as-tu fait de mon père?

PARDIAC, à part.

Je n'ai que ce moyen. (Haut) Écoutez-moi, Jeanne, il me sera facile de me justifier plus tard et complètement du premier crime dont vous m'accusez... avant tout... laissez-moi vous dire que tout à l'heure, là, dans ce sentier, un vieillard que je ne connais pas, a levé sur moi ce bâton et m'a frappé. La lutte n'était pas égale. Le vieillard a été renversé... il s'est blessé dans sa chute... mais cette blessure est légère, vous pouvez vous en assurer... J'ai relevé le pauvre homme... j'ai soutenu ses pas chancelants... et je l'ai conduit là derrière ce rocher, (Il indique le rocher formant à gauche l'extrémité de la falaise.) contre lequel il a voulu s'appuyer. — Tenez, avec ce mouchoir (Il tire son mouchoir.) nous pourrons panser sa blessure !

JEANNE.

Montrez-moi le chemin, car je ne veux plus vous quitter..

PARDIAC.

Soit... venez!... (Il gravit avec elle la pente rapide qui conduit à la pointe, mais arrivés sur une sorte de palier fermé au milieu des roches taillées en marches, Jeanne s'écrie :

Me voilà! père, me voilà !

PARDIAC, au-dessus du palier.

Donnez-moi la main, Jeanne. (Jeanne lui tend la main. Pardiac saisit cette main avec force, à part.) Enfin ! (En ce moment, derrière le rocher à droite, on entend la voix de Baillif.)

BAILLIF, avec effort.

Jeanne... ma fille... (Puis la voix s'éteint, mais Jeanne a été avertie.)

JEANNE, s'arrêtant.

Mon père, n'était pas là... ah! misérable, tu me mentais, tu m'attirais-là pour me précipiter du haut de la falaise, et demain on aurait trouvé mon corps brisé sur la plage. (Elle se dégage et veut descendre, mais Pardiac l'en empêche.)

PARDIAC.

Il ne fallait pas te trouver sur ma route... tu ne passeras pas.

JEANNE, criant.

Ah! je suis perdue! A moi, Liberge, à moi!...

(Pardiac disparaît un moment avec Jeanne derrière le rocher, mais on les voit presque aussitôt reparaître à la pointe et comme suspendus tous deux au-dessus de l'abîme et se tenant embrassés l'un l'autre dans une horrible étreinte. Pardiac, en cherchant à se dégager des mains de Jeanne, se trouve un moment plus rapproché de l'abîme.)

PARDIAC, effrayé.

Oh! misérable femme! le sol va manquer sous nos pieds et l'abîme est là!

JEANNE.

Oui... l'abîme... Pardiac... pour tous les deux.

(A ce moment et du bas de la falaise un coup de feu est tiré qui a atteint Pardiac. Celui-ci jette un cri de détresse et tombe à la renverse dans l'abîme. Jeanne a pu l'abandonner à temps et se retenir à la pointe du rocher. On voit Liberge gravir la Valleuse, jeter son fusil et courir à Jeanne qui est tombée sur le bord de l'abîme.)

FIN DU SEPTIÈME TABLEAU.

Huitième Tableau

Un salon du château, porte au fond. porte à gauche deuxième plan, porte à droite premier plan.

SCÈNE PREMIÈRE

MARGUERITE, CÉLÉNIE.

Marguerite est assise dans un grand fauteuil, elle est enveloppée dans une robe de chambre.)

MARGUERITE.

Tu as laissé Odette à la ferme?... tu as bien fait, ce château est si triste à présent.

CÉLÉNIE.

En revenant je suis allée chez le docteur.

MARGUERITE.

C'était inutile.

CÉLÉNIE.

M. Baillif me l’avait bien recommandé.

MARGUERITE.

Je vais mieux, je suis encore un peu faible, voilà tout ! En
traversant la grande cour, tu n’as vu faire aucun préparatif
de départ?

CÉLÉNIE.

Je suis rentrée par le parc.

MARGUERITE

Assure-toi que M. le marquis n’a pas donné d’ordres à
Joseph.

CÉLÉNIE.

Je ferai ce que désire madame, mais je suis sûre que
M. le marquis ne songe pas à vous quitter. Quand il a su
par moi tout à l’heure qu’Odette était restée à Valaine, il
m’a dit qu’il ne voulait pas que madame demeurât seule et
qu’il allait monter ici.

MARGUERITE, à part.

Lui... chez moi !

CÉLÉNIE.

Et tenez, voilà M. le marquis.

MARGUERITE, bas à Célénie.

Fais ce que je t’ai dit. (Célénie sort par le fond. Robert entre par
la droite.)

SCÈNE II

MARGUERITE, ROBERT.

ROBERT.

Marguerite, votre chère garde-malade n’est plus là. Vous
voulez bien que je la remplace ce soir? Vous paraissez surprise de ma présence dans votre appartement. Marguerite,
si je n’ai pas franchi le seuil de cette chambre, (Il montre la
porte de gauche) si je n’ai pas couru à votre lit de douleur...
c’est que toute émotion pouvait être dangereuse pour vous...
j’ai obéi au docteur, mais j’étais près de vous... vous ne
pouviez pas me voir et je vous voyais... je vous entendais...
pendant trois jours et trois nuits... je suis resté là... à la
place où vous êtes... veillant à ce que tous les soins vous
fussent prodigués. Au docteur, à Pardiac, je disais... Sau-
vez-la !

MARGUERITE.

Ma mort vous eût fait libre pourtant.

ROBERT.

Oh! ne parlez pas ainsi, Marguerite. Quand vous étiez en danger, pouvais-je avoir une pensée qui ne fût pas à vous. Vous me croyez, n'est-ce pas?

MARGUERITE.

Cela me ferait du bien de vous croire.

ROBERT.

J'ai été oublieux, cruel, mais je ne suis pas un homme méchant, et j'aurais sans hésite donné ma vie pour racheter la vôtre. Grâces à Dieu, tout sujet de crainte a disparu. pourtant je trouve que vos médecins vous négligent un peu trop.

MARGUERITE, souriant.

Ils m'abandonnent peut-être

ROBERT.

Oh! je gronderai M. Izet qui n'est pas venu encore aujourd'hui. Je ne m'explique pas l'absence prolongée de Pardiac qui, au besoin, suppléait notre bon docteur. En sortant tantôt n'avait-il rien ordonné, rien préparé pour vous?

MARGUERITE.

Je ne sais...

ROBERT.

Je vais m'en assurer. Ce que vous acceptiez d'Odette, vous ne le refuserez pas de moi?

MARGUERITE.

Non, non!...

ROBERT.

Merci, Marguerite. (Il sort à droite.)

MARGUERITE, le suivant du regard.

Est-ce bien lui qui me parle ainsi?

SCÈNE III

MARGUERITE, CÉLÉNIE.

CÉLÉNIE.

Madame, M. le marquis ne songe pas du tout à partir. Seulement il avait donne hier à Joseph un billet que Joseph devait porter...

MARGUERITE.

Au couvent des Ursulines!...

CÉLÉNIE.

Vous avez été si bonne pour Joseph, tout le monde vous aime tant ici, que Joseph, au risque d'être renvoyé, a gardé la lettre et me l'a donnée.

MARGUERITE.

Elle était pour Henriette, n'est-ce pas?

CÉLÉNIE.

Oui, madame, et la voilà. (Elle la pose sur la table près de Marguerite.)

MARGUERITE, repoussant la lettre.

A quoi bon lire cette lettre?... ne sais-je pas bien ce qu'elle renferme? A quoi bon empêcher qu'elle parte... reprends-la... pour la rendre à Joseph. (Au moment où elle tend la lettre à Célénie, celle-ci entend venir et remonte vivement.)

CÉLÉNIE, bas.

Prenez garde. Voilà Antoine! (Antoine sort de la chambre.)

ANTOINE.

M. le docteur vient d'arriver chez madame. Et madame Duchemin est avec lui!

MARGUERITE, se levant.

Ma mère, ma mère est là. (A part.) Oh! cette fois je ne refuserai pas de la suivre, je ne peux plus rester ici, je ne veux plus revoir Robert. (Elle sort vivement, suivie de Célénie. Antoine se dispose à sortir par le fond. Robert rentre de la droite.)

SCÈNE IV

ROBERT, ANTOINE.

ROBERT, à lui-même.

Pardiac n'avait rien ordonné. (Haut à Antoine.) Où donc est la marquise?

ANTOINE.

Madame est rentrée chez elle pour recevoir M. le docteur et madame Duchemin.

ROBERT.

Jeanne est ici. C'est bien, Antoine, aussitôt que le docteur Izet sortira de chez madame, dis-lui que je l'attends ici.

ANTOINE.

Oui, monsieur. (Il sort.)

SCÈNE V

ROBERT, puis JEANNE.

ROBERT.

Je suis sûr de moi maintenant ! il faut que Pardiac apprenne ce que j'ai résolu, et Pardiac m'approuvera. (Jeanne sort de la chambre à gauche.) Qui vient là ?...

JEANNE.

Moi !

ROBERT.

Jeanne !

JEANNE.

Vous êtes surpris de me voir chez vous. Je suis venue avec le docteur pour qu'il m'assurât bien que Marguerite était assez forte pour me suivre jusqu'à Valaine.

ROBERT.

Vous voulez emmener Marguerite, vous voulez qu'elle quitte le château.

JEANNE.

Je ne veux pas qu'elle y meure !...

ROBERT.

Le docteur ne vous a donc pas rassurée. Craint-il encore pour Marguerite ?

JEANNE.

Ce digne homme, tout effrayé qu'il était de la maladie de Marguerite, ne voulait pas croire à ce qu'il voyait. Mais il sait à présent de quoi Marguerite a manqué mourir... Vous ne devinez pas, vous, ce qu'avait Marguerite ? M. de Pardiac le savait bien, lui.

ROBERT.

Pardiac...

JEANNE.

Et si vraiment vous ne le savez pas, vous, je suis venue pour vous le dire, à vous tout seul... (Lui montrant la porte que Robert a laissé ouverte.) Fermez cette porte !

ROBERT, va fermer la porte et revient à Jeanne.

Eh bien ? Marguerite...

JEANNE.

Marguerite, était empoisonnée.

ROBERT.

Ah ! c'est impossible. Je veux voir M. Izet... je veux qu'il me dise...

JEANNE.

Il n'est plus chez ma fille, il est à présent auprès d'un pauvre blessé que Liberge et moi nous venons d'amener ici...

ROBERT.

Un blessé ?

JEANNE.

Oui, le grand-père. Grâce à Dieu ! père Baillif peut parler à présent. Par lui et par Liberge on aura encore des preuves du crime.

ROBERT.

On attentait aux jours de Marguerite... et qui donc ?... qui donc ?...

JEANNE.

Vous ne soupçonnez personne, vous ?

ROBERT.

Non... personne !...

JEANNE.

Eh bien, moi, je fais mieux que de soupçonner, j'accuse !... (A ce moment Marguerite sort vivement de la porte de gauche. Elle est pâle... elle se traine jusqu'à sa mère.)

SCÈNE VI

Les Mêmes, MARGUERITE.

MARGUERITE.

N'accusez personne, mère... il n'y a qu'une coupable et cette coupable, c'est moi !

JEANNE.

Toi !

ROBERT.

Vous, Marguerite !

MARGUERITE.

J'étais lasse de la douleur et j'ai voulu mourir

ROBERT.

Oh ! Marguerite !

JEANNE.

Elle ment... Je sais bien, moi qu'elle ment !

MARGUERITE.

J'ai dit la vérité.

JEANNE.

Jure-le moi !...

MARGUERITE, avec effort après avoir regardé Robert.
Je le jure ! (A part.) Pardonnez-moi, mon Dieu !...

JEANNE, qui a surpris le regard.

Ah ! je comprends tout, elle veut le sauver encore une fois... oh ! je la forcerai bien !... (Haut.) C'est toi, Marguerite, qui a préparé le breuvage qui te faisait mourir.

MARGUERITE.

C'est moi !

JEANNE.

Malheureuse ! Odette a bu de ce breuvage !

ROBERT.

Odette...

MARGUERITE.

Oh ! ce n'est pas moi, mère, je n'ai pas tué mon enfant.

JEANNE.

Je savais bien que je t'arracherais ton secret, pour cela j'ai menti à mon tour. Oui, j'ai menti, va !

ROBERT.

S'il n'y a pas eu volonté de suicide... il y a eu tentative de meurtre... Encore une fois, Jeanne, qui accuse-t-on ?

JEANNE.

Le meurtrier de Marguerite, c'est Pardiac.

ROBERT.

Pardiac !

JEANNE.

Le frère d'Henriette et votre complice d'autrefois.

ROBERT.

Oh ! Pardiac est mon ami, je réponds de lui !

JEANNE.

Et qui donc me répondra de vous !

ROBERT.

De moi !! Oh ! vous avez été folle Jeanne, et la fièvre vous égare encore.

JEANNE.

Marguerite aussi est folle, n'est-ce pas ?

ROBERT.

Marguerite me soupçonnerait !..

JEANNE.

Pour qui donc se dévouait-elle encore une fois... et jusqu'à
s'accuser d'un crime, car se tuer est un crime.

ROBERT, courant à Marguerite.

Ah!.. Marguerite, ça n'est pas vrai ce qu'elle dit là. Non,
vous ne m'avez pas cru capable... Vous vous taisez... Oh! la
punition de mon égarement la voilà! Marguerite, Jeanne,
vous avez pu voir en moi un assassin!.. et le plus lâche des
assassins!! Jeanne, vous avez cru que je voulais la mort de
Marguerite, à qui je dois la vie, de Marguerite qui m'aimait,
de Marguerite, la mère de mon enfant! Oh! mais c'est insensé, c'est impossible. Vous avez donc des preuves pour
m'accuser? Eh bien! je n'en ai pas pour me défendre. Oh!
mais regarde-moi, Jeanne... regarde-moi. Est-ce que je
supporterais ainsi ton regard? est-ce que je presserais ainsi
ta main, si j'avais voulu tuer ta fille? Non, tu ne le crois
pas, Jeanne, ma sœur, tu ne le crois pas!

JEANNE.

Ah!.. tu me parles comme autrefois... et comme autrefois
aussi ta voix m'est arrivée au cœur.

ROBERT, courant à Marguerite.

Marguerite me croyait criminel!... Elle s'accusait pour
me sauver! Oh! Marguerite... Marguerite... ton angélique
douceur, ta pure tendresse m'ont vaincu ; à tes pieds, j'ab-
jure un passé que je maudis. Je te demande pardon pour
ce passé. Pourquoi ne me réponds-tu pas, pourquoi détournes-tu les yeux?

JEANNE.

Marguerite, doutes-tu donc encore de lui? (Marguerite, sans
rien dire, présente à Robert la lettre qu'elle avait dans sa poche.)

ROBERT.

Ma lettre!

MARGUERITE.

Adressée à Henriette... à Henriette que vous aimez toujours.

JEANNE.

Vous écriviez à cette femme!

ROBERT.

Je croyais cette lettre déjà parvenue au couvent des Ursulines. (A Marguerite.) Vous n'avez pas brisé ce cachet?...

MARGUERITE.

Si j'avais lu cette lettre, je n'aurais plus eu la force de
vivre peut-être ..

ROBERT.

Lisez, Marguerite... Lisez-la... je vous en prie.

MARGUERITE. lisant.

« Vous voulez prendre le voile et dans mon égarement j'avais songé à vous enlever du saint asile où vous étiez allée chercher un refuge contre moi. Un coup terrible qui vient de me frapper m'a enfin rappelé à moi-même. Marguerite a été en danger de mort. Alors, j'ai tout oublié pour ne songer qu'à la pauvre martyre. J'ai demandé à Dieu de conserver Marguerite à sa fille et d'étouffer en moi mon fatal amour. Dieu a eu pitié de nous. Marguerite est sauvée. Et en vous écrivant cette lettre, la dernière que vous recevrez de moi, la fièvre ne brûle plus ma main, mon cœur ne bondit plus dans ma poitrine. Henriette, priez... et ne priez que pour Marguerite... » (Avec une douce joie, regardant Jeanne.) Oh! ma mère, ma mère!...

JEANNE.

Tu ne peux plus douter à présent.

MARGUERITE.

Oh!... non... non!...

JEANNE, allant à Robert.

Robert... c'est d'un honnête homme cette lettre-là; Robert, embrasse-moi... (Allant à Baillif qui est soutenu par Liberge.) Grand-père!.. (Lui montrant Robert.) Vous l'aviez mieux jugé que moi!..

SCÈNE VII

MARGUERITE, ROBERT, JEANNE, BAILLIF, LIBERGE.

BAILLIF.

Il n'y a eu, il ne pouvait y avoir qu'un coupable... et Dieu en a fait justice. Pardiac est mort.

ROBERT.

Mort!

BAILLIF.

On l'a trouvé au pied de la falaise !

LIBERGE, à lui-même.

Je l'ai bien aidé un peu à descendre.

BAILLIF.

De la falaise d'où il voulait précipiter Jeanne qui l'avait reconnu.

ROBERT.

Jeanne !

MARGUERITE.

Ma mère !...

JEANNE.

J'ai bien cru que c'était fini de moi, et sans Liberge...

LIBERGE.

J'étais trop loin pour courir à vous. Il n'y avait qu'une balle pour arriver à temps, et elle est arrivée juste. J'ai fait la déclaration de la chose au grand bailliage en fouillant M. de Pardiac, on a trouvé sur lui le poison qu'il était allé chercher aux Loges, et dans sa main, qui était restée fermée, il y avait encore le fichu de Jeanne, de Jeanne qu'il voulait tuer parce qu'elle défendait sa fille. Alors on m'a dit que je n'avais fait tort qu'au bourreau et que le moins que méritait le Pardiac — c'était d'être pendu.

JEANNE.

Ne parlons plus de cet homme ! Marguerite, Robert se repent et a regret du passé !

ROBERT.

Oh ! regret et honte !...

BAILLIF, lui prenant la main.

Marguerite, je te ramène ton mari... je te réponds de lui à cette heure !

ROBERT, allant à Marguerite.

Oubli et pardon !

MARGUERITE, assise.

Robert, j'ai déjà pardonné et j'oublierai peut-être.

JEANNE, donnant la main à Liberge.

Moi, Liberge, je me souviendrai !..

FIN

POISSY. — TYP. ET STÉR. DE A. BOURET.